勇闖極地超馬

大叔跑者翻轉人生的馬拉松跑旅

撰寫　周林信
協作　邱芊樺

目錄

三、商學院戈壁挑戰賽

四、超馬起跑之前

五、第一站——蒙古國戈壁

六、第二站——智利阿塔卡馬

七、第三站——南極洲

八、第四站——非洲納米比亞

九、了解就不害怕，大膽跑起來

十、從不可能到不可思議的馬拉松奇幻漂流

推薦序

跑出自己的人生馬拉松

每個人的人生都有自己想追求的夢想與想挑戰的目標，很高興在跑馬旅程中認識周林信（傑森）這位跑友。

我是在二〇一八年的蒙古戈壁賽事認識他，那是他的第一場超馬賽，對他的第一印象是：非常有精神，臉上永遠帶著微笑，待人也相當和善客氣，看他的身材就知道是跑馬拉松的好材料。很高興能夠和他一起完賽，見證他完成第一場超馬賽事。

馬拉松分為很多種，短距離的可以讓筋骨稍微活動一下；長距離的就需要訓練及耐力了。我和大兒子在二〇一一年因緣際會參與「絲路大使」兩百公里陪跑，從此之後便與超馬賽事結下不解之緣。二〇一二年我們首次挑戰極地超馬系列賽事，當時並沒有做足長跑的訓練，身體肌肉也還沒準備好，但我想人生短暫，時間不等人，所以仍積極挑戰。剛開始時真的倍感辛苦，直問自己怎麼這麼笨，為什麼要自找苦吃來跑超馬？但歷經辛苦比賽拿到獎牌的那個瞬間，又激起我的鬥志進而踏上另一場賽事征途。我參加過十三場以上的國際超馬賽事，雖然曾經「落馬」過，但我不放棄，再次報名該賽事，重整自己的狀態，做好最完善的準備，在第二次挑戰中順利完賽、拿到獎牌。

跑馬拉松的旅程中，最令我高興的部分，莫過於帶著兩個兒子一起參賽。賽前和兒子們一起進行訓練及準備裝備；在超馬七天六夜、兩百五十公里的賽程中，和他們一起努力向前跑，力求完賽。兒子們比我年輕，當然一定跑得比我快、成績比我好，雖然我通常會落後，跑在很後面；但到了晚上，我們睡在同一個帳篷內，一邊為了隔天的賽事做準備，一邊分享當天跑步時看到的景色及感受，對我而言是父子三人難得的相處時刻。許多參賽的外國人非常羨慕我們父子檔，為人父母者說，希望有一天能和子女一起跑；為人子女者則是說，希望有一天能帶著父母一起跑。

藉由參加馬拉松或超馬也能認識興趣相投的跑友，也是樂趣之一。尤其超馬賽屬於國際賽，參賽者都是來自世界各地的好手，他們具有共同的特質——極富挑戰精神，勇於踏出舒適圈，不斷地自我突破。看到這麼多優秀的人，無形中也增加了自己的動力，砥礪前行。

短程馬拉松會有一同競爭的跑友、沿途有加油打氣的人群；但超馬的賽程通常是孤單的，路程長，一時半刻看不到終點，中途可能遇到各種狀況，但越能靜下心，不輕言放棄地做自己認定的事情，最終必能抵達終點。長年經商的我對此更是感觸良多，人生及商場不可能是一帆風順，如同每一場超馬賽事，會遇到不同的人事物，面臨不同氣候、地形等自然環境的試煉，賽事中有許多無法預測的突發狀況，更考驗著我們的臨場反應與智慧，但只要有決心，任何事情都無法阻礙你完成目標。我相信傑森一定非常了解箇中滋味，親身經歷過的跑者應該也有相同的體悟。

我常說：「極地超馬會使人上癮。」完賽後，自我實現的成就感與滿足會讓人立刻將過程中的種種艱辛、痛苦拋之腦後，盤算著接下來要參加哪一場賽事。人生就如同馬拉松一樣，只要你還在競技場上，就得持續地向前跑，不斷地挑戰及突破自己的極限，也代表自己仍然在成長與進步，最怕的是原地踏步、裹足不前，甚至輕言放棄。

這幾年時常看到傑森在Facebook分享跑馬拉松的故事，看到他順利完成四大極地超馬賽，我為他感到高興。不同的國家、不同的區域有著各自獨特的風景及文化，隨著馬拉松的盛行，許多城市紛紛發展出獨樹一格的特色賽事，藉由傑森的書，不僅能瞭解他跑馬拉松的緣起與心路歷程，也引領我們認識各地的風土民情及文化習俗。我和他一樣都曾經在零下低溫的雪地或炙熱高溫的沙漠環境中苟延殘喘地完賽，但回首來時路，真的十分享受將要達到終點前的痛苦煎熬與自我虐待的快樂，這不僅是難得的歷練，也留下很多美好的記錄跟相片。

祝福傑森身體健康，期待他未來繼續到世界各地完成更多挑戰、分享更多故事！也祝讀者們跑出自己的人生，為自己寫出更多精彩的故事，留下美好的回憶！

合隆毛廠總裁、台灣四大極地超馬最年長完賽者　陳焜耀

推薦序

開始跑步吧！這將改變你的一生

與林信的第一次接觸是在中山大學「亞太高階經營管理碩士班」（APEMBA）入學口試上。當時我是該班的班主任，還記得口試的場景如下：

問：在哪裡工作？

答：大陸的廈門。

問：從事什麼行業？

答：連鎖KTV的經營與管理。

這個答案讓我們這些口試老師對面前的這位瀟灑的帥哥考生產生了好奇心，能在大陸成功地開設連鎖KTV肯定不簡單，另外，一種不安的思緒也湧上心頭，「KTV」不就是八大行業嗎？台灣人在大陸開KTV而且還經營得有聲有色，會不會是……。不過在整個口試的過程中，林信溫文儒雅的談吐給每位口試老師留下了很好的印象，再加上我們希望EMBA學生來源的多元化與多樣性，便錄取了林信加入中山大學EMBA的大家庭。兩年的EMBA密集課程中，林信除了認真學習之外，也與同學相處融洽、打成一片。

二〇〇六年中國大陸舉辦了第一屆玄奘之路商學院戈壁挑戰賽，當時是要彰顯玄奘所代表追求理想、努力不懈的堅毅精神，而這個精神也正是每個商學院，特別是ＥＭＢＡ學生所應該具備的。自此開啟了大陸商學院ＥＭＢＡ每年一度的盛大賽事。台灣也從二〇一三年開始了全國ＥＭＢＡ馬拉松大賽，記得當年中山ＥＭＢＡ為了準備參賽，在學校先行舉辦ＥＭＢＡ馬拉松，林信由於外表體型優異再加上身材高大，理所當然地成為班上的馬拉松代表。我還記得他在跑完之後跟我說這是他這輩子第一次長跑。沒想到這次的經驗激發了林信的長跑細胞。剛好中山大學商學院ＥＭＢＡ在二〇一三年也開始正式參加甘肅的玄奘之路商學院戈壁挑戰賽（台大商學院是前兩年加入第五屆的賽事，中山與政大則是在第七屆加入）。林信也加入該次賽事，同時正式開啟了他的長跑生涯。

林信畢業之後，我們仍會在ＥＭＢＡ的各類活動中碰面，我也是林信FB上的粉絲之一，看到林信在事業穩定之後，全心全力投入馬拉松的長跑，一次又一次的打破自己的成績，一次又一次地報名參加全球六大馬拉松大賽，讓人目不暇給又讚嘆不已。當我在FB上看到林信要挑戰世界四大極地超馬賽時，心裡更是懷疑他可以完成嗎？六大馬拉松賽事固然困難，但到底是在平地上舉行，極地超馬賽事又是另一回事，那不只是挑戰體力的極限，更是挑戰一個人的堅持精神與毅力的極限。沒想到隨著FB的追蹤，看到林信一次接著一次在一年內逐個完成四大極地超馬，那真是稱之為超人也不為過。要知道林信是一個沒有長跑經驗且年近半百的企業家，二〇一五年二月才第一次跑完全馬，在短短的四年間完成世界六大馬及四大極地超馬，這不只是個驚人的紀錄，也是個振奮人心的經歷！

在與林信每次的碰面中，我都會建議他應當忠實記錄每次參賽的心路歷程，一來在台灣有這樣經歷的人少之又少，二來林信的文筆流暢，遣詞用字優雅，內容既有可讀性又富含知識性，再加上他的比賽多有夫人陪並留下大量的照片，能提供更完整的資訊給對此運動有興趣的讀者。很高興終於看到林信將其參與長跑比賽的心路歷程以及酸甜苦辣，搭配豐富的圖片集結成冊，與大家共享。

最後，也許有人會問，林信的經歷是不是因為他有長跑的潛能，只是他以前不知道，直到就讀ＥＭＢＡ才被發掘？錯矣，人類學及運動醫學的專家已經指出，人類是世上唯一能持續長跑的物種，如果比長跑的話，人類甚至可以跑贏世上所有的四足動物。劍橋大學人類生物學系的研究更進一步指出，善於長跑的男性具備更優質的基因，該研究的基礎是說，生活於石器時代的長跑者不但要有好的體力，也須擁有更好的狩獵品質（智商要高）

和供應能力（將獵得的獵物慷慨分享）等特徵，因此該類基因就容易被流傳下來。所以，閱讀此書的讀者不要再猶豫了，以林信為師，放下書本穿起跑鞋開始慢跑吧，這個舉動將會改變你的一生！

國立中山大學企管系兼任副教授　黃北豪

自序

平凡的故事，獻給不平凡的你

從小我因為家庭經濟不佳與學習表現普通而極度自卑，成年後又經歷多年腰傷，被朋友取笑而成為灰暗中年。學生時代的運動成績平平，跑步速度不快也跑不遠，喜歡玩耍但是玩得不怎麼樣，各項球類運動都表現笨拙。從來沒有參加過運動比賽，卻在半百之際陰錯陽差開始跑步，短短五年時間，從自認不可能跑完一場馬拉松，直到完成世界六大馬以及不可思議的四大極地超馬，跑馬地點遍及七大洲，從此翻轉自卑人生，變身充滿自信的熱血大叔。

參加了第一場海外馬拉松之後，便覺得這是件顛覆人生又難能可貴的經驗，應該把它記錄下來，作為自己回憶的素材，並貼在臉書跟朋友分享。隨著時間的累積參賽場次越來越多，我的足跡也遍布了世界各地，貼文也越來越豐富。有一些朋友受到我的經驗激勵，開始跑步、運動，讓我感受到傳播正能量的喜悅。在完成大家談之色變的極地超馬後，朋友們的反應更激烈了，疑問我怎麼敢去參加這麼困難的比賽？怎麼做得到？師長跟一些朋友則開始不斷鼓勵我，並且建議應該把這些經驗集結成書，跟更多的人分享。

就像跑馬拉松一樣，寫書從來不在我的人生清單裡面。除了自認文筆一般之外，還因為自己說故事的能力不強，原因是我有嚴重的健忘症，總是很快忘記所有經歷過的事，以致無法說出精彩的故事。幸好當時曾經為這些比賽留下文字記錄跟拍照，後來才得以還原參賽的過程，分享給有興趣的人以作為參考。

跑步讓我受益良多，除了強健身體之外，遊歷世界的跑旅也打開我的視野，而極地超馬比賽帶來的則是更多前所未有的體驗，過程中我經歷肉體磨練、心靈沉澱，走過奇山異水，甚至獲得國際友誼。透過這一連串的世界跑旅，我獲得諸多個人成長，也讓自己得到無比的成就感，自信心提高之後，更勇於跳出舒適圈、嘗試新的挑戰。

希望本書的內容，能夠給想要做各種挑戰但還在猶豫不決的讀者作為參考。不要輕易劃地自限或者認為不可能，我們遠比想像中的自己更加強大；還沒有新想法的人，則可以儘管發揮想像力，因為我們仍有許多未被開發的潛能。祝福讀者在閱讀本書之後，能夠得到比我更多的收穫。

謝謝四大極地超馬創辦人瑪麗（Mary Gadams）和 Racing The Planet 公司，參加極地超馬賽讓我對人生有不一樣的體會，本書有部份照片由 Racing The Planet 授權提供。

感謝北豪教授還有諸多曾經鼓勵我出書的朋友們，在你們勉勵和阿湯主編的循循善誘之下，我才有勇氣得以完成這本書。感謝我所有親愛的的兄弟、姐姐們，和太太慧敏，跟女兒子心、子文，熊空跑團，還有所有曾經在臉書為我按讚跟留言，加油打氣的學長姐和朋友們，有你們的支持，我才能跑遍世界。

自序　平凡的故事，獻給不平凡的你

一、完成世界六大馬拉松

波士頓馬拉松

二〇一八年四月的波士頓馬拉松遭遇了三十年來最惡劣的天氣，當天氣溫接近攝氏零度，伴隨著大雨與狂風。因為缺乏經驗，我小看了這樣的氣候並沒有穿上雨衣，全程沒有任何防護只穿著跑衣在寒風冰雨中進行比賽，體感溫度更是在零度以下。起跑以後體溫一直上不來，全身不斷發抖，每當遭遇強風吹來時，只能仰天長嘯以驅趕身體的寒冷。「冷到吱吱叫」已不足以形容當時的感受，那種鑽到骨頭裡的寒意，必須用盡全身力氣大吼大叫才能暫時忘掉身體的冰冷。

比賽開始沒多久，手指就全部凍僵了，根本打不開補給的能量包，只能勉強咬開，但後來連咬都咬不開，因為手指也抓不住能量包，於是乾脆放棄不吃。到補給站喝水也是一件非常痛苦的事，因為氣溫的關係，水溫接近零度，在身體顫抖不止的狀態下還要喝冰水，實在非常非常艱難，我每喝一口眉頭就要糾結一次！由於低溫加上補給不夠，路上幾次感到暈眩，甚至不得不停下來扶著欄杆稍作休息之後再繼續跑，全程四個小時的跑步經歷簡直像是一場酷刑。

一路上告訴自己絕對不能停，因為停下來一定會失溫，身上沒有錢、手機、房間鑰匙、衣服，什麼都沒有，必須到達終點才能得救。此時我感覺這已經不只是一場馬拉松，更像是一場生存戰。終於撐到最後一段，在終點前想要接過駐波士頓台北經濟文化辦事處遞來的台灣國旗，卻又因為手指無力掉了兩、三次，平常簡單不起眼的蹲下撿拾動作，對於此時僵硬酸痛的身體來說，卻變成一件高難度的事，先是緩慢而艱難地蹲下，再用冰凍失去感覺的手指笨拙地嘗試了好幾次才順利撿起國旗，每次撿起都花費了不少時間。直到最後高舉著國旗跑過終點，領到波士頓馬拉松地完賽獎牌，還有被跑者暱稱為「甜甜圈」——那個只屬於完成世界六大馬跑者的六星獎牌，完成這趟旅程。

回顧一路奔跑至今的經歷，是怎麼來到這一站的呢？

在風雨中身披國旗，跑過二〇一八年波士頓馬拉松的終點。

「商學院戈壁挑戰賽」

自一九九四年起我跟妻子長期住在大陸工作，雖然每年會返台幾次探望家人，但是看著年邁的雙親，心中非常不捨，深怕哪天會有「樹欲靜而風不止」的遺憾，於是決定更常回家陪伴他們。

儘管起因是想多陪伴家人，但為了更加善用回到台灣的時間，於是決定到學校進修，一方面學習管理知識，另一方認識優秀的同學和結交朋友之外，還可學到跨領域的寶貴經驗。於是在二〇一三年報考中山大學EMBA（高階管理碩士學位班）。在學期間，每一、兩個星期我就飛回台灣一次，雙親不止因為兒子常回家而高興，對有著傳統觀念的阿母來說，我重拾書本、讀碩士學位似乎令她感到非常光榮。

在EMBA新生報到的時候，師長按照慣例介紹學校的課程和活動，結果簡報上出現讓我大吃一驚的畫面，那是每年在大陸舉辦的「商學院戈壁挑戰賽」，活動內容是大批選手背著裝備，四天內在戈壁跑步或徒步一百一十二公里。

天啊，要背著數公斤的裝備在沙漠跑走一百一十二公里！於是我想起幾年前自己帶著爸媽去廈門鼓浪嶼玩的經驗，只是背著兩瓶水走半天的時間，回到家後我的腰就差點閃到，這個距離一百多公里的活動對我來說太難了吧！

「戈壁」這個名詞，以前我只在地理和歷史課上聽過，是個遙遠而神秘的地方。簡報上的一張比賽照片讓我非常震憾，只見一團深色的沙塵暴正在往一群跑者靠近，跑者們低頭在黃沙大漠中毫不懼怕地冒著風暴前進，這個畫面不僅令人感嘆大自然的美麗與威力，更佩服這些人的勇氣。當我知道自己有機會親自前往參加比賽，體驗國家地理頻道節目上的情景時，心裡除了害怕，心中另一股不可忽視的感受卻是興奮之情。

這是場重視團隊合作精神的比賽，依照規定所有參賽隊員必須在時間內全體完成比賽，才可以拿到完賽獎。面對如此困難的賽事，我雖然感到害怕，但是愛玩跟喜好探險的天性使然，心裡非常想要親自體驗一番。偏偏這不是一般的旅行活動，而是關乎團隊榮譽的賽事，一想到自己的三寶體能，心裡頓時猶豫萬分，我決定暫時擱下參加與否的抉擇。

只是想不到才剛開始兩岸來來回回的EMBA新生活，原本身體還算硬朗的母親，卻在一次腹部疼痛送醫後，被檢查出胰臟癌晚期。根據病況與阿母將近九十歲高齡的身體狀況，醫院只能給予舒緩治療。半年後的一個清晨，當病房裡儀器上起伏的線條變成一道直線時，我不忍讓她承受更多痛苦，放棄任何急救，眼睜睜跟遠行的母親告別，這個經歷也成為我一輩子難以忘懷的痛。

母親在生前曾好幾次提到她是童養媳，從小生活困苦，嫁給父親生下十個孩子後，依然每天為了生存奮鬥，好像一條飄泊海上、忍受風吹雨打的小船，一直在尋找可以休養生息的港灣。在她離開前幾年，隨著家庭經濟慢慢寬裕，我們搬進新家。她很滿意新家，笑著告訴我她覺得已經停靠在期盼已久的港灣，這句話一直讓我感到很安慰。感謝老天跟人生的貴人給我機會和時間，建造這座母親可以停泊的港灣，加上這段時間能夠經常回家陪伴，我的心裡雖然傷痛但沒有遺憾。

痛失摯愛的低沉情緒一直持續到二〇一四年一月底，我覺得自己必須振作精神重新出發，在天堂的阿母應該希望看到孩子積極地生活，此時我又想到了商學院戈壁挑戰賽。因為年紀不小了，考慮到如果這次不去，這輩子恐怕再也不會有探險世界的衝動跟機會，於是決定儘可能地參加，給自己一個不一樣的人生經歷，挑戰自己的體能和勇氣。

此時距離二〇一五年五月的比賽還有一年多的時間，因為對自己沒有信心，所以不敢告訴同學參賽的想法，而是決定先一個人默默練跑，一方面訓練體能，同時評估自己是否有能力完賽，免得之後拖累團隊。仔細回想過去的經歷，這似乎就是奔向馬拉松的第一步。

跑出人生新旅程

母親去世之後，家人的陪伴中心便只剩下父親，我和其他親人分攤照顧、探望父親，自己也持續在世界各地跑馬拉松。在進行世界跑旅（跑步旅行）的幾年間，父親對於我從事馬拉松運動深感驚訝，這個年紀不小的兒子，怎麼突然可以到那麼遠的地方去跑步，每趟比賽的距離幾乎是從三峽老家到台北車站再跑回來那麼長啊！每當我拿著國外的完賽獎牌給他看，阿爸總是一副驚訝又驕傲的表情。感謝這段時間裡家人的齊心守護，讓我得以無後顧之憂出國進行跑旅。

無奈經不起歲月摧殘，隨著時間逝去父親的健康也逐漸衰退，當我完成二〇一七年十一月紐約馬拉松回到台灣，接手照顧剛出院返家休養的阿爸，不過才短短二十天，我跟太太就在家裡陪他走完最後的旅程。在照顧的過程中我不禁感歎，人生猶如一場馬拉松，越接近賽程終點，也正是跑者最艱難的時候。

感恩父親給我機會，在他艱難走向終點之際，讓我能夠守在一旁給予他支持，陪伴他走完最後一程。雖然早有心理準備，但自己仍然為父親的離開感到驚慌與沉痛，在處理後事的期間，利用晚上的空檔每兩天出門跑步一次，為沉重的心靈減壓，也開始思考人生的下一步。

回想過去，曾經有好長一段時間，我的人生是為家族而活，為了讓雙親搬離生活不便的老厝、為了提升家人的生活品質、為了協助解決家族問題而奮力打拼。有些目標達成，有些只是徒勞一場，但不管如何，我已經盡力了。在母親離開四年之後……，父親也走了，再來就是開始倒數自己的人生，假設人生還有三十年可活，這三十年內我要做什麼呢？

在跑步的過程中我體會到「天行健，君子以自強不息」的道理，這時候應該要更加愛惜自己，強健體魄、好好生活，才不愧父母養育之恩。首先，六大馬的目標還沒有達成，就差波士頓馬拉松了，我要繼續去完成，阿爸、阿母如果在天堂看到兒子完成這些精彩的賽事，一定也會為我感到高興。

終於完成二〇一八年波士頓馬拉松的比賽。這場猶如酷刑的馬拉松對我來說就像是一堂課，是上天給我最棒的一堂震撼課程，面對大自然一定要謙卑，不能自大；面對磨難要堅持信念，每踏出一步就離終點更近一步。在我的印象中，日本跟韓國都是不怕冷的民族，但在這次比賽卻有多位選手中途退出賽事。我是天生怕冷的瘦皮猴，靠著意志力完成賽事之後，覺得自己彷彿被上天加持，身上多了一股力量，可以面對未來更多的挑戰。

順帶一提，在參加二〇一八年波士頓馬拉松之前，我自認這輩子不可能達到波馬報名資格的時間要求，因此是以慈善名額的方式取得當年的參賽資格。但在完成四大極地超馬賽之後，我在二〇二〇年二月以三小時二十六分四十二秒的成績完成加州衝浪城馬拉松（Surf City Marathon）賽事，得以用這個成績參加二〇二一年十月第一百二十五屆波士頓馬拉松，並以三小時四十九分順利完賽。在這段跑步的旅程中，許多原本認定的不可能，最後都在逐漸進步的過程中一一突破、完成。

1 二〇一五年第十屆「商學院戈壁挑戰賽」，中山大學戈十全體合照。

2 我的世界六大馬第一站：二〇一六年東京馬拉松。

CAYMAN
ISLANDS

ABBOTT
WORLD
6
adidas
26515
3
BOSTON
MARATHON
ABBOTT
WORLD
MARATHON
MAJORS
LONDON
MARATHON
adidas

3 以賽代訓，二〇一八年六月班夫馬拉松。
4 以賽代訓，二〇一八年五月蒙古國烏蘭巴托馬拉松，嘗試背著十一公斤的背包跑完全馬。
5 世界六大馬 -- 倫敦馬拉松（二〇一七年）。
6 世界六大馬 -- 波士頓馬拉松（二〇一八年）。

9 二〇一六年夏威夷馬拉松賽後，與身披白紗的太太拿著完賽獎牌，在終點前留下別具意義的二度蜜月合照。

10 帶著家人展開世界跑旅，二〇一六年全家人都參與了澳洲黃金海岸馬拉松。

11 二〇一七年四月巴黎馬拉松。

7 10
9
8 11

7 二○一七年九月莫斯科馬拉松。
8 二○一七年十月加拿大尼加拉瀑布馬拉松。

GOLD COAST MARATHON
#GCM18
4516
D
L

13 12
14

12 第二次跑黃金海岸馬拉松，想利用比賽做單日長距離訓練。

13 在二〇一八年黃金海岸的跑旅中，每個人都有不同的收穫與回憶。

14 再訪黃金海岸馬拉松，與中山大學的同學們一起跑在熟悉的賽道上。

15

16

15 帶著七十八歲的岳父參加二〇一九年聖地牙哥馬拉松的 5K 路跑。
16 我的跑團——「熊空路跑團」。

二、阿信，來跑馬拉松！

自卑的少年

說起自己跑步的故事，讓我不禁回想起童年時期，那個灰色的自卑少年。我誕生在嬰兒潮末期的農村大家庭，排行老九。小時候的家有一部份是泥土房，地板也是泥土，每逢下雨天屋瓦漏水，就要用臉盆、水桶接水；有颱風來的時候，阿母就擔心房子會不會倒。廁所是在屋外的茅房，而且沒有電燈，直到國中三年級老家改建，我家才有抽水馬桶。在那個物資缺乏的年代，天真的孩子不懂物質生活的好壞，卻擁有很多有趣的童年回憶，抓蚱蜢、釣青蛙、釣魚、偷挖地瓜去河邊烤、捉筍龜（台灣大象鼻蟲）烤來吃，玩紙牌、彈珠、橡皮筋、打陀螺、自己用報紙做風箏、摸蛤蜊、丟沙包、跳房子、跳繩，只要有得玩就好，每天起床後第一件事就是在想今天要玩什麼。

直到上小學慢慢發現同學的穿著好像比較漂亮，特別是女同學；有的同學拿著零用錢，有的人家裡還有摩托車，我彷佛看到不一樣的世界。記得有一次在學校吃便當的時候，中午阿母送便當到教室，我很興奮地期待著便當。同學們吱吱喳喳邊吃邊講話很開心，老師說要看看大家帶了什麼菜，沿路左看右看地跟同學說說笑笑，走到我身邊的時候，卻突然停下來，彎著腰用悄悄話問我，剛才送便當給我那個人是不是你大嫂？她平常是不是對你不太好？我一時沒會意過來，直說她是我媽媽呀，她沒有對我不好。老師聽完後默默離開，我想了很久後來才驚覺，是不是因為我的便當只有一個蛋跟幾塊蘿蔔乾，讓老師以為我被虐待？她不知道對我來說這個菜色已經不錯啦，不過從此以後再也不好意思讓別人看到我的便當。

上了國中之後，望子成龍的阿母，用有限的日文寫信給一所知名國中的校長，雖然我家沒有任何背景，但校長被阿母感動，偷偷讓我轉學到城裡的升學班，但這個決定我卻適應不良，痛苦萬分。首先從三峽坐車到板橋就是一件非常辛苦的事，除了要早起等車、擠車之外，因為會暈車，我吐了至少一個禮拜才慢慢適應。更慘的是轉學之前我根本沒有在讀書，一到升學班卻得天天考試，考不好老師就是打，第一年我的手心、屁股、大腿從沒少過黑青。期望越高，失望越大。阿母一心幻想兒子可以考上建中，之後上台大當醫生，沒想到結果卻差了十萬八千里，最後我只讀了高職，阿母氣得差點不讓我回家。

到了職業學校不再有升學考試，我就像脫韁野馬開始翹課，高一差點留級，高二變本加厲成為教官和老師的頭痛人物，幸虧老師網開一面只讓我留校察看，就這樣混到高職畢業。玩了三年沒讀書，大專聯考注定只能重考。二哥說家裡沒錢，沒有考上國立大專就不能繼續讀書。我也想說好啊，高職三年沒讓父母少擔心過，重考就拼間國立的吧，讓父母高興一下，結果幸運地考上了台北工專，總算讓阿母放心露出笑容。

從小學到大專，除了家裡經濟條件不佳讓我感到自卑外，跟同學比起來，在學校的我更是完全沒有信心，覺得自己一無是處。寫字有如鬼畫符、美術課畫什麼都不像；遇到全班唱歌時，大家總是東張西望，想找出發出怪聲音的人是誰；樂器就更別說了，一竅不通。文的不行，體育表現也不優，籃球、排球、乒乓球……各種運動統統都不會；最基本的跑步，既跑不快也跑不遠，從小學到大專畢業沒有參加過任何比賽。除了一直保有愛玩、想冒險的心，我就像一個灰色的男孩，自卑地待在團體裡的小角落。

泰山的體格，阿婆的身體

大專畢業、當兵後終於踏入社會，我告訴自己這下可不能玩了。為了要得到零用錢，從小我就會靠勞力賺小錢，小時候做資源回收，高職跟大專時利用週末和寒暑假當搬運工、清潔工。因為痛恨貧窮，步入社會之後更是急於賺錢，二十六歲時我跟二哥借錢做了生平的第一筆生意，無奈半年後就以失敗收場，原想要擺脫貧窮，沒想到卻更加貧窮。雖然有國立大專文憑，為了儘早償還借款，不惜跑去 KTV 當服務生，跟大姐去菜市場賣菜，還去批發童裝擺地攤，結婚後為了尋找創業機會，毅然前往大陸工作。

長期勞動加上不懂得保養身體，以及姿勢不良的影響，纖瘦的身材耐不住操勞，自從二十多歲第一次閃到腰之後，這個問題就成為揮之不去的老毛病，就像感冒一樣，每年總要遭遇個幾次。早期不懂如何治療，經常直接打類固醇來解決疼痛，後來雖然改用推拿、針灸等療法，但「閃到腰」的這個毛病直到四十八歲仍然陰魂不散地跟著我。

由於外形高瘦黝黑，新認識的朋友總稱讚我身材很好，還會開玩笑說我有「狗公腰」，應該是一位運動健將。殊不知我不僅不會運動，還外強中乾，宛如台語玩笑話「泰山的體格，阿婆的身體」，擁有健康的外表，實際上卻如老人家的身體一般虛弱。年紀輕輕就有著經常閃到腰的老毛病，也成為一些朋友的笑柄。更有甚者，年紀增長之後，雙腳膝蓋也開始因退化性關節炎不時疼痛，必須輪流求助中醫、西醫，少年時的灰暗男孩，如今變成灰暗的中年大叔。

開始練跑

決定開始跑步之後，我的體能侷限便成為一大難題。運動訓練的目的是逐漸加強體能，逼近身體的極限再嘗試突破。對於當時的我來說，身體的極限就在眼前，甚至可能比一般人的體能還更差一點。

為了參加「商學院戈壁挑戰賽」，我開始練跑。第一次練跑是在跑步機上用八分速（一公里／八分鐘的速度）跑了十五分鐘，之後三天打魚兩天曬網，過了半年時間才累積跑量七十七公里，儘管看起來不多，對當時的我而言，不論在身體上或心理上已經是很大的突破。

然而一個人練跑非常辛苦，沒有人能夠交流，除了感覺孤單，也難以學習跑步知識與技巧，更不懂得防治運動傷害，以致事倍功半。越努力練習，運動傷害就越多、挫折感也越大，加上受傷後不知道如何正確治療，這個過程變成了一個痛苦的惡性循環。

直到下半年開始，同學們要準備參加戈壁挑戰賽，於是聘請張智雄教練來指導大家跑步，我才開始學習跑步的知識。另外透過社群媒體與熱心跑友交流，才了解部份運動傷害的原理。比如克銘曾留言，「有時膝蓋痛，未必是膝蓋的問題，是上下方肌肉太緊的問題」，於是我開始注意跑後伸展的重要性，以避免運動傷害的發生以及惡化。還有熱心的國圳，看我深受腿傷折磨，直接幫忙預約物理治療孫明暉老師，不僅治療腿傷，也學會到保養身體的知識和原理。經過幾次診療之後，我越來越會照顧自己，運動傷害的次數漸漸下降，跑量則逐步增加，十一月份的月跑量竟然達到驚人的一百六十公里。

時間來到二〇一四年底，商學院戈壁挑戰賽即將開始報名，也是時候檢測自己的跑步能力了。同年十二月二十一日的台北馬拉松，我背著三公斤的背包參加二十一點一公里的半馬（半程馬拉松賽），做為是否參加戈壁賽的測試，最終以兩小時零六分完賽，直到這時候我才開始有信心，覺得自己應該可以報名代表學校參加二〇一五年五月份位於甘肅的比賽了吧！

不過能夠跑完半馬只是基本功而已，戈壁賽的四天時間總共要完成一百一十二公里的距離，前三天每天大約要跑三十公里，還要背負三公斤的隨身物品，最後一天賽程預計是二十公里，因此我覺得在比賽前，自己應該還要有能力跑完一場四十二公里的馬拉松才行。於是以賽代訓地參加了二〇一五年二月的渣打台北馬拉松，就在將滿五十歲這一年，我用四小時十七分的成績完成了人生第一場全馬，雖然過程雙腿嚴重抽筋、整個人累得半死，完成後卻收穫了滿滿的成就感。原本覺得跑完一場四十二點二公里的馬拉松是件這輩子都不可能完成的事，灰暗男孩竟然在半百之年做到了！

察覺身體的問題

在戈壁賽前一個多月，中山大學的比賽團隊組織了一次團練，來到高雄和屏東模擬在戈壁的高溫環境中跑步。這次訓練是一次非常寶貴的經驗，對我來說，它不只是體能鍛練而已，透過這次訓練，我才真正了解了自己的身體。

我記得兩個訓練日都是艷陽高照的天氣，第一天繞著高雄澄清湖畔跑步，原本出發前我信心滿滿，因為相較於其他隊友，我的訓練累積跑量名列前茅，沒想到出發後才跑了三公里，我就癱坐在路旁上氣不接下氣，甚至有頭痛、想吐的感覺，休息了很久才能站起來，之後跑跑走走，時不時停下來休息，才勉強完成二十公里的訓練。第二天在屏東大鵬灣跑步，結果與前一天如出一轍，一樣在出發沒多久之後就掛掉了，我只能靠著意志力狼狽地完成當天的訓練。

經過兩天身體不適的現象，回想起自己從小就很不耐曬的問題，還有剛開始自我訓練時，每次遇到高溫就表現不好的現象。最初不知道原因，有時候會自怨自艾感歎年紀大、體能差，甚至責怪自己意志力不夠，直到這次訓練透過各項幫助終於找到問題的關鍵，原來是因為我的身體散熱功能遠低於常人，所以很不耐熱，只要氣溫稍高心率就會狂飆，在太陽底下非常容易中暑。所以在這兩天的團練行程中，我都是起跑沒多久就發生中暑現象，大部份時間只能步行沒有辦法跑起來；另外，我還有姿勢性低血壓的症狀，以及泡溫泉不到一分鐘就會嚴重心悸、頭暈的問題，這些症狀也影響到了跑步的表現。

如今真相大白，原來這就是我在學生時期愛玩卻不愛運動的原因。然而，我的心裡卻越想越緊張，果真如此的話，面對於戈壁上的高溫，我的身體是否能夠應付？會不會去了之後變成隊裡的老鼠屎？團練之後心裡一度萌生了退賽的想法，總不能因為自己而拖累團隊啊！經過多番掙扎，在隊友鼓勵下，又想到已經辛苦花了一年多的時間和血汗做準備，而且這次不去這輩子就不可能去了，我終於鼓足勇氣繼續參加，也為後來的極地超馬旅程埋下種子。

三、

商學院戈壁挑戰賽

跑進戈壁沙漠

二〇一五年五月，中山大學EMBA一共三十五人組成「西子灣隊」，參加了第十屆的「商學院戈壁挑戰賽」，參賽口號是「中山戈十，全力奔馳」。當時中山大學EMBA的跑步風氣還不太盛行，因此儘管A隊（比賽組）的跑步速度並不是很快，但是仍自我期許能有最好的表現，每個人都要盡自己最大的能力全力奔馳。曾經參加戈九的桃子老師接受大家邀請，除了賽前義務指導隊員們進行訓練，更再度參加B隊，與隊員並肩共同完成四天徒步一百一十二公里的賽事，她豐富的經驗讓惶恐不安的隊員安心許多。當時的楊弘敦校長與EMBA林東清執行長也非常重視這場比賽，兩人特地參加C隊的一日體驗行程，由於體驗戈壁賽事的機會難得，瑞德學長偕同夫人粟粟姐、政全學長的夫人純玉和我太太慧敏也一同加入了C隊。

碰巧當年五月下旬的戈壁賽期間，每天的氣溫都超過攝氏三十度，是開賽十年來的歷史最高溫。出發地點在甘肅省酒泉市瓜州縣戈壁沙漠的阿育王寺遺址，首日是體驗日不計算成績，ABC三隊一同出發，三十幾所大學一千八百多人浩浩蕩蕩在戈壁大漠行進大約三十公里。C隊雖然只走一天，但是因為部份人員平時的運動量並不大，在烈日高溫的沙漠地形要走這麼遠讓人頗為擔心。傍晚時分，校長、執行長、薇庭、翠鳳、莉芳、守源、純玉、韻韻跟慧敏陸續到達營地，一直到晚上八點，至勇陪伴著臉色蒼白、嘴唇顫抖的燕貞出現，大家才放下心來。C隊隊長瑞德和粟粟姐伉儷則發揮同學大愛，放棄千里迢迢來到戈壁體驗的機會，半途陪伴身體有狀況的梅英返回休息，令人感動。

B隊中最令人擔心的是淑貞姐，她是女生隊員中年紀最大的成員，加上董娘形象的體型圓潤白嫩，不知道是否能否承受這場沙漠的考驗？所幸有體重將近一百公斤同時也最年長的蒼宜隊長以及高大的陳銘，兩人宛如B隊的護國神山，誓言要帶回所有B隊隊員，一個都不能少。

第三日是整場賽事中最困難的一天，身體已經累積兩天的疲勞，要在攝氏三十六度高溫下走過鹽城地、礫石地、山丘、乾枯的河谷、無止境的風車陣，並通過一大片惱人的駱駝刺（一種長滿刺的樹），桃子老師、孟憲、凱莉、孟桓四位體力較佳的人先出發以節省體能；蒼宜、雁紅、佩馨與陳銘、淑貞、琦珮分成兩組殿後。在高溫難耐的天氣下，先是珮馨中暑，上吐下瀉，不得不進醫護站休息，用冰塊降溫，幸好經過醫務人員一連串檢查後，有驚無險地允許她繼續比賽，否則就無法全員完賽了！佩馨剛要離開醫護站，就換淑貞和琦珮進來處理雙腳的水泡和傷口問題。得助於蒼宜和陳銘兩位護隊神山不離不棄，緊緊地拉著這四朵花一起前進，更可貴的是隊長蒼宜發揮大愛精神，發現路上有其他院校的隊員受傷坐在路邊，就主動上前幫忙包紮傷口，當天B隊趕在關門前半小時以十一個小時三十分的時間堅忍完賽。

比賽最後一晚，我們遭遇一場強大的沙塵暴襲擊，可怕的呼嘯風聲和帳篷的拍打聲非常嚇人，還好大家在睡前特別加固了帳篷的繩索，否則帳篷可能會被吹走。起床開賽後，暴風已過但風勢仍強，從頭到尾的大逆風吹得大家不要不要的，難怪在這裡設了佔地整整四平方公里的風力電廠，跑在其中宛如鬼撞牆，被我們稱為「跑不完的風車陣」。

A隊比賽計分方式是以十名隊員中，每天第六名到達終點的隊員成績為準，累計三天統計總成績。五十五歲的興邦哥在A隊中最為年長，卻是A隊的重要戰將，雖然在第一天比賽終點前嚴重暈眩，所幸平安衝過終點，三天比賽中山EMBA都是前六名完賽；育璋、政全跟我三人表現穩定，也是每天前六名的固定班底；維辰、駿龍、智淵、朝陽四人則是輪番休息交替上場，進入前六名的計分名單；世豐跟瑞男則為後備戰力，以防其他人臨時有狀況以便替補。雖然中山A隊的成績不是特別突出，但四天下來全體隊員為了做出最好的表現，無不全力以赴，政全跟智淵為了拼速度雙雙跌倒受傷；駿龍為了要提高速度強忍痛苦，衝線後崩潰大哭；隊醫文戎每天為A、B隊處理腳底的水泡，累到晚上做夢時不是夢到沙漠的美麗繁星，而是滿天的恐怖水泡。

這一群平均歲數將近五十歲的企業家跟專業經理人，在四天的比賽時間互相扶持、彼此鼓勵，忍受煎熬走過、跑過酷熱的一百一十二公里戈壁，最終AB兩隊全員完賽，共同完成人生的挑戰，寫下一個讓我們一輩子都講不完的故事。

二〇一五年第十屆「商學院戈壁挑戰賽」，和中山 EMBA 的同學們一同忍受外在環境與身心的煎熬，完成跋涉一百一十二公里的人生挑戰。

跑吧！人生還有許多事可以做

戈壁賽結束後，也同時取得EMBA學位畢業，結束了為期兩年的學生身分。完成兩項夢寐以求的目標之後，我突然失去生活重心；此時在大陸的投資事業也恰好遭遇股東整合的問題，雖然我以和為貴全數轉讓持股，但遠赴大陸打拼多年的事業重新歸零，內心仍感到非常地失落與空虛。

跑步吧！唯有跑步可以讓我拋開煩惱，跑步時身體分泌的腦內啡讓我自動轉換心情。跑吧！阿信，人生除了工作還有別的事可以做。

戈壁賽結束後，我隨即來到美國參加大女兒的高中畢業典禮，有次在臉書貼文述說在加州邊跑步邊數兔子的樂趣，結果「太醫」文戎學長的留言，觸動了我心中的一根弦：「阿信學長，你要跑遍全世界啦！」對於當時只跑過一場馬拉松的跑步菜鳥來說，這當然是玩笑話，不過卻一語點醒夢中人，既然來到加州，何不參加美國的馬拉松比賽呢？

於是我上網搜索比賽，報名了「Napa Valley Trail Marathon」。當時的我還不知道 Trail Marathon 指的是「越野馬拉松」。馬拉松加上「越野」，與一般馬拉松比賽有何不同呢？簡單來說，一般的馬拉松是在公路上跑，「越野」則是指在非公路的土石小徑跑完馬拉松，如果四十二公里的公路馬拉松賽會讓人覺得很累的話，那麼越野馬拉松會讓人累到升天。

納帕峽谷位於北加州，是有名的葡萄酒產地。會選擇這場比賽有一個很大的原因，是來自於一九九五年基努李維主演的電影《漫步在雲端》（A walk in the clouds），這部電影的拍攝地點就在納帕峽谷，片中雲霧裊繞美麗的葡萄園，讓我印象深刻，加上從來沒有去過葡萄酒莊，所以剛好可以趁這個機會來場酒莊之旅。

之後回顧這場賽事的感覺真的很棒，除了在州立公園區域內體驗了一場好玩又累人的越野馬拉松，完成我人生中的第二場全馬之外，賽前跟一群不認識的人併團逛酒莊的旅遊更加有趣。一大早一輛復古巴士就來到各個飯店接人，遊客們剛見面時還彬彬有禮，車上也很安靜。隨著參觀酒莊之旅開始，紅酒越喝越多，車上的氣氛也越來越嗨，不斷傳出爆笑聲，直到逛完五家酒莊後的旅程尾聲，大家在車子裡面唱歌，原來拄著拐杖走路的阿姨甚至把拐杖扔到一邊，在車上跳起鋼管舞來了！

想不到跑馬拉松順道旅行這麼有趣，那為什麼不繼續呢？

年輕的時候忙著打拚事業、照顧家庭，除了結婚時的蜜月旅行，幾乎沒有出國旅遊的經驗。這個時候兩個女兒都送到美國讀書，我跟太太面臨空巢期，事業雖也恰逢歸零，幸運的是沒有經濟壓力，那不趁這個機會再去跑旅幾個地方更待何時！

年到半百才跑初馬，且自認天生體能不佳，身體的老毛病也不少，不知道還可以跑幾場馬拉松？除了馬拉松，未來的人生會不會有其他規劃？對於當時的我來說，這一切都是未知數。既然未來充滿未知，那就決定挑選最精彩的賽事來參加。當時聽說了所謂的「世界六大馬」，分別在東京、柏林、倫敦、芝加哥、紐約、波士頓六個城市舉辦，這些地方我剛好都沒去過。既然被稱為世界六大馬，那絕對是世界最好的賽事，就決定是這個了！我馬上報名離當時最近的二〇一六年二月東京馬拉松，先跑一場再說，我的世界跑旅就此展開。

啟動世界跑旅

報名東京馬拉松之後，我又快馬加鞭，緊接著報名了二〇一六年九月的柏林跟十月的芝加哥馬拉松抽籤，幸運地是兩場都被抽中；然後又以慈善名額報名二〇一七年四月的倫敦馬拉松和十一月的紐約馬拉松旅行社名額。當時我的跑速遠遠達不到波士頓馬拉松的報名資格（簡稱BQ），因此決定把波士頓馬拉松安排到二〇一八年四月，再以慈善名額參賽。

安排好世界六大馬的行程後，其它的時間也沒閒著，只要是有馬拉松比賽加上比賽地點是好玩的地方，我就著手安排自助旅行，帶著老婆，有時候還有女兒以及岳父母一起去跑旅。除了六大馬之外，從二〇一六年到二〇一八年四月波士頓馬拉松之前，完成跑旅的城市包括挪威奧斯陸，澳門、廈門、哈爾濱，美國夏威夷，橘郡、聖地牙哥、鑽石谷湖、澳洲黃金海岸，阿拉伯聯合大公國杜拜，以色列耶路撒冷，法國巴黎，俄羅斯莫斯科，加拿大尼加拉瀑布，西班牙塞維利亞，和韓國首爾馬拉松。

有幾場比賽讓我印象深刻，其中二〇一六年七月澳洲黃金海岸馬拉松，我帶著兩個女兒參加，老婆跟兩個女兒平常沒有練跑，結果竟然認真完賽二十一公里半馬，讓我好感動！特別的是二〇一六年十一月夏威夷馬拉松是我重遊蜜月之地，當年咬牙借錢去夏威夷蜜月旅行，沒想到二十二年後會以跑馬拉松的形式舊地重遊。比賽前我們老夫老妻還去挑戰自己的勇氣，參加一萬五千英呎的高空跳傘，隨著教練一躍而下，展臂飛翔。太太參加距離十公里的路跑，完賽後在終點等我，我完成四十二公里抵達終點後，拿出預先準備的白色頭紗為太太戴上，自己再繫上白色的領結，兩人拿著完賽獎牌，在終點前留下別具意義的二度蜜月馬拉松照。

世界六大馬之一，芝加哥馬拉松（二〇一六）。

四、超馬起跑之前

「世界上沒有第二個撒哈拉了，
也只有對愛它的人，
它才向你呈現它的美麗和溫柔。」

——三毛

夢中的撒哈拉

在不斷犯錯的叛逆青春期，我曾經著迷於三毛的浪漫、大膽與桀驁不馴，她是我青少年時心目中的女神。三毛的著作《撒哈拉的故事》在我心中種下一片撒哈拉，一塊蘊含古老、神秘、浪漫、沙漠、駱駝、部落……，充滿各種幻想卻又遙不可及的土地。

如今年過半百，深藏在心中的撒哈拉從未消失，在我完成商學院戈壁挑戰賽後，撒哈拉這個名字又悄悄在心頭浮現。好奇心驅使之下，我搜索了有關撒哈拉沙漠馬拉松的資訊，赫然發現真的有相關賽事！只是經過多年世俗洗禮，少年時的浪漫早已不復存在，取而代之的是諸多現實考量，交通、語言、人身安全……，特別是我計畫帶著老婆一起去，需要考慮的事又更多了。

最後中年人的世故到底還是戰勝少年的浪漫，別看我可以在世界各地自助旅行完成跑旅，其實外語能力並不怎麼樣，剛開始出國的時候非常緊張，連到講英語的地方都沒有把握，更別說前往非洲了。更何況，當時自己雖然有能力跑完一場全馬，但是撒哈拉沙漠很大，還有比戈壁更可怕的高溫，比賽距離更遠、要背負的裝備更重，識時務者為俊傑，大叔心裡還是先打了退堂鼓。

經過兩年世界跑旅的鍛鍊，儘管英文還是不怎麼靈光，但是簡單的問答已經沒有問題，也能輕鬆搞定長途旅行要面臨的搭機、轉機等交通問題，少年夢再度浮現，雖然不會跟三毛一樣住在撒哈拉，但是去到撒哈拉一探究竟，進行沙漠跑旅的可能性已大大提高。

雖然小時候物質生活不佳，但是心裡愛做夢，總是想著將來長大要去哪裡做點什麼事，到了年近半百愛作夢的自己卻哪裡都沒去，只做著為五斗米折腰的事。沒想到陰錯陽差開始跑步之後，展開了邊跑馬拉松邊看世界的旅行，雖然不是什麼大事，但是熟悉我的同學跟朋友卻大為震驚，開始稱呼我為「神人」。儘管內心知道自己的跑步能力距離所謂的「馬拉松神人」還差得很遠，但是藏在心裡的自卑感正慢慢消失，曾經躲在角落的灰暗少年、灰暗中年轉變成熱血大叔，展現出成熟的黃金中年樣貌，讓我更沉迷於跑旅的樂趣，成為自己心目中的「神人」。

跑完二〇一八年波士頓馬拉松，我覺得遇到新的轉折點。兩年多前開始世界跑旅的時候，還不確定自己能跑幾場，於是決定先從最精彩的世界六大馬下手，如今不僅已經全部完成，中間還穿插了多場在其他各大城市舉辦的賽事，這些城市大多有悠久的歷史、深厚的文化、令人讚歎的建築和教堂、收藏豐富的博物館、精彩感人的表演、美食美酒……等吸引人的特點，當然還有最棒的馬拉松賽道和塞滿賽道的熱情觀眾。以城市馬拉松的參與程度來說，我已經收穫滿滿，但心裡開始猶豫還要繼續參加類似的比賽嗎？是不是應該換一種跑步方式？換個不一樣的體驗地點？

重建人生的極地超馬

跑旅撒哈拉沙漠的夢想再次傳來呼喚，搜集資料後我發現一個系列賽事，是由Racing The Planet公司所舉辦的「4 Deserts」，這是包括台灣超馬前輩林義傑、陳彥博都曾參加並奪冠的比賽「四大極地超馬」。其中一站比賽就是在撒哈拉沙漠舉辦，地點位於埃及，而且終點就在埃及地標——金字塔旁邊，不過因為北非局勢不穩定，為了選手的安全，先是於二〇一四年將比賽地點變更到約旦，二〇一六年又再度改到非洲南部的納米比亞舉辦。

雖然還有別的撒哈拉沙漠賽事可以參加，但是這個系列賽非常吸引我，因為官網上註明了這四場賽事最大的特色——各自擁有地球上最極端的特徵：納米比亞─世界最古老的沙漠；戈壁─風力最大的沙漠（這個我有經驗）；智利阿塔卡馬─地球最乾燥的地方；南極洲─世界最冷的寒漠。每場沙漠賽比賽距離二五〇公里，比賽時間七天，其中有一天的會是比賽距離長達七、八十公里的長賽日，除了水跟帳篷，比賽期間選手要背負七天所需的所有食物、睡袋、衣物等大約十一公斤的裝備前進。

看到這些資訊，我心中愛玩、愛探險的那根神經又被撥動了！可是到目前為止，我的單日最遠距離是四十二公里的馬拉松，而三年前戈壁賽的經驗是背著三公斤的背包，在四天內前進一一二公里；然而極地超馬則是要背著超過十公斤的背包跑步，七天前進二五〇公里，在這幾天不僅沒水、沒電、沒網路，還要跟七、八個不認識的外國人睡在同一個帳篷，難度等級高了好幾倍！

南美洲智利、非洲納米比亞、南極洲，對我來說都是遙不可及的地方，雖然充滿想要去探險的憧憬，但內心又對「四大極地」這個詞又滿是恐懼，這些位在極熱、極寒、極乾燥、高海拔的超馬賽事我真的有辦法完成嗎？這輩子還沒去過這麼遠的地方，旅途會順利嗎？比賽官網規定的裝備一大堆，看了半天有看沒有懂，又要怎麼著手準備呢？比賽過程有沒有危險？連續幾天我不斷在思考這些問題。

再次仔細閱讀賽事說明，我發現每場比賽大約只有二十%的選手能用全程跑步的方式完成比賽，二十%的選手全程走路，六十%的選手則是以跑走結合的方式完賽，而且沿路都有指標不會迷路。這下有點信心了，大叔我不可能全程用走的，如此不僅可以完賽，而且絕對不會是最後一名！只要能完賽，那麼其它的問題對我來說就不那麼重要了，總能克服所有問題和困難的。

暫時放下撒哈拉的少年夢，我在波士頓馬拉松結束一個禮拜後，上網報名三個月後的「四大極地超馬」蒙古國戈壁站。因為負重越野跑與一般公路馬拉松賽的訓練方式不一樣，因此決定一年內專心參加四大極地超馬，連續完成這四場比賽，再度挑戰自己的勇氣。我認為如果沒有在一年內完成，明年又長一歲，體力不見得會更好，而且各種主、客觀的變數也更多，不見得可以隨時去參加比賽，必須把握當下。沒想到從二〇二〇年開始，全世界的各種活動因為新冠肺炎幾乎停止運作三年，生活上要面對各種隔離、幾乎不能旅行，害怕染疫跟死亡的氣氛籠罩全球，這項變故反而印證了我當時的想法。

參加四大極地超馬除了想要探險、體驗生活和挑戰自我之外，內心似乎還隱藏著一個原因。小時候因為家庭經濟不佳，以及在學校沒有特殊表現的自卑心理，長期以來一直伴隨著我直到中年。這個隱藏的聲音不時在呼喊，使得我想要用完成四大極地超馬這件事，翻轉過去深植在內心的自卑，去吧，這個挑戰不是要吸引朋友們崇拜或是羨慕的眼光，而是挑戰自己的內心，重建一個充滿信心的人生。

四大極地超級馬拉松的獎牌，曾經是我奮力追逐的目標。

盲人摸象的賽前訓練

大膽報名完後，心中卻還有一絲疑慮，背著那麼重的背包奔馳七天，我那經常閃到的腰，到底行不行啊？

害怕它，就去面對它！

我想著，既然擔心自己的腰不能負重跑超馬，那就趕快開始練習。四月底在台灣開始第一次訓練，找出大女兒高中時買的簡易登山背包，放進幾瓶水，總重量有三點五公斤，在基隆河濱跑了十二公里。跑完之後確認狀況，除了有些因背包摩擦引起的小傷之外，身體狀況似乎還不錯，於是開始有點信心。經過八天共五次的訓練，逐次增加重量到十一公斤，跑步距離達到二十一公里，雖然明顯感覺到腳底跟膝蓋承受的壓力變大，對肩膀和腰部的考驗也不小，過程一點也不輕鬆，但是總體來說似乎沒有想像中可怕，感覺越來越有把握完賽了。

這時候我驀然發現，開始跑馬拉松以後，以前每年必犯的腰痛問題，竟然不藥而癒了！太神奇了吧！伴隨我二十幾年，讓我深感自卑的老毛病居然已經連續三年都沒發作，莫非是因為跑步的關係，自然鍛鍊到核心肌群，強化了肌肉力量，再加上不時做些肌肉伸展、按摩，使得肌肉的柔軟度增加，因此大大地減少了受傷的機會？以前背一瓶水走半小時就腰酸背痛的人，如今竟然可以背十一公斤跑二十一公里！這幾年的跑旅生活，不僅打開我的視野，看見世界，也意外地送給我夢寐以求的強壯身體，我從跑步中得到了無價之寶！

不過自己每次負重練跑完回家洗澡的時候，總是哎呀呀得叫個不斷，嚇得老婆以為發生什麼事。因為當時的經驗不足，不懂得如何固定背包，造成脖子、肩膀和背部的擦傷破皮，只要洗澡水一沖下就會產生刺痛感。在沒有人指導的情況下，我一個人繼續背著女兒的登山背包摸索練習，裝著十一公斤的水或書，一次又一次地練習跑步和爬山，因為背包與下背部之間的摩擦實在太過疼痛，於是我買了一個旅行用的頸枕，墊在背包跟腰部之間，暫時解決下背摩擦的問題。

以賽代訓

由於參加四大極地超馬賽是四月底才決定的事，但是在這之前，我早已安排好三場海外馬拉松行程，分別是五月份在蒙古國首都烏蘭巴托的馬拉松旅遊團；六月份去美國參加大女兒的大學畢業典禮，並參加加拿大著名的國家公園班夫馬拉松；還有七月初，陪伴中山大學第一次跑海外馬的學長姐們，再次去跑澳洲黃金海岸馬拉松。

距離七月底的超馬賽，只有三個月的時間可以訓練，我的目標是以排名五十%的名次完賽，並且好好享受比賽過程。三個月的訓練期本來就不是很長，還有這麼多的出國跑馬行程，讓訓練又增加了一些挑戰，我索性決定以賽代訓，打算在蒙古戈壁賽之前的三場海外馬拉松比賽中，都背負十一公斤重的背包奔跑。

超馬比賽的七天路程分配，大約是前四天每天跑四十公里，第五天長賽日跑七、八十公里，第六天休息，最後一天跑十公里，所以進行自主訓練時，負重十一公斤跑完一個全馬，只是相當基本跑量而已。剛開始要背著一個十一公斤的登山背包跑步，實在不是件輕鬆的事。隨著訓練的累積，我慢慢適應了背後的龐然大物，跟著步伐上下晃動的節奏，也慢慢領悟出固定背包的方式，雖然背部還是不時出現擦傷和起汗疹，但也只能再進行微調跟適應。很快地，練習三個禮拜後我就跟團出發到蒙古國參加烏蘭巴托馬拉松，這是人生第二次參加馬拉松旅遊團。

比賽路線是在烏蘭巴托市中心繞四圈，首次負重十一公斤跑全馬，前半馬除了長坡路段是用走的之外，其餘都用小跑步，後半馬開始沿途跑走模式，用時五小時十六分無傷完賽，結果令人滿意。

烏蘭巴托馬拉松的比賽路程中，巧遇小學生下課。

六月份來到加拿大，班夫國家公園以風景優美跟野生動物聞名，主辦單位強烈建議馬拉松選手，隨身攜帶防熊噴霧劑，而且禁止戴耳機聽音樂，以免遭遇危險時沒聽到聲響。另外每個補給站都設有旗幟標示狀況，綠旗代表萬事如意，黃旗代表有野生動物出現但是安全，紅旗表示快逃！半馬跟全馬計畫中都安排了緊急疏散路線。

為了準備對付超馬賽的連日賽，我在跑完馬拉松賽隔天，將會再以同樣路線跑一遍四十二公里的全馬。第一天的馬拉松賽以四小時五十四分完賽，第二天自我訓練時已經沒有體力，用時六小時二十二分才完成。這也是我第一次跑完背靠背的連日馬，而且兩天都背著十一公斤的登山包，順利完成移地訓練。儘管回到旅館後我躺在床上完全不想動，全身酸痛外加鐵腿，但是我知道離超馬賽的終點又更近了一點。

再訪黃金海岸

中山大學戈友會會長耀宗學長，曾在一次聚會中請我向大家推薦一場海外馬拉松，於是我根據自身的經驗，推薦了七月初舉辦的澳洲黃金海岸馬拉松。因為此時澳洲恰值初冬，天氣涼爽，比賽距離分為五點七公里、十公里、二十一公里跟全馬四十二公里四種路程，大家可以隨意報名，此外也能安排抱無尾熊、摸袋鼠等行程，適合全家同行跑馬兼旅遊。

班夫馬拉松賽時，我進行了連續兩天的四十二公里訓練，這次則想利用比賽做單日長距離訓練，最低目標希望可以完成七十公里。於是在七月一號比賽日當天，我背起超馬比賽時要用的背包，以便適應兼做測試。早晨四點半跟大家一起坐電車到黃金海岸的南港起跑點，我先慢跑五公里之後到處閒晃拍照，等待起跑，然後以四小時五十二分完成全馬。吃點東西休息幾分鐘之後打算繼續做訓練跑，但是可能因為在全馬比賽時配速太快，消耗太多體力，只跑了兩百公尺就完全跑不動，只能放棄後半的訓練計畫。雖然有點失望，但我覺得訓練還是要量力而為、不要太勉強。

除了個人的訓練和體驗，這次一同參與海外跑旅的同學也各自有了不同的收穫。耀宗學長帶著兩位即將出國深造的兒子，三個人首次共同完成半馬比賽，一起旅遊、一起看球賽到深夜，這次在海外跑馬拉松的活動，成為父子三人難忘的親密時光。同行的美合學姐、明娟學姐跟傑明學長，都在這次比賽中創下個人半馬最佳成績；文雄學長則在這裡完成人生首次半馬；上場前有點驚恐的珺得學姐，突破了自己的極限，帶著女兒一起完成了十公里組的比賽。

寧願燒盡，不願朽壞

時間很快來到七月底，就這樣渡過了三個月的訓練期，期間我參加了三場海外馬拉松，累計完成一〇一六公里的跑量。雖然跟很多超馬選手的訓練比起來，顯得小巫見大巫，但這已經是自己開始跑步以來的最大訓練量。訓練過程中，自己的身體狀態跟心情，隨著每次訓練的感覺不同而起起落落，運動的競技性質總是鼓勵人們挑戰自我的極限，然而隨著訓練的累積和體能的進步，逐漸接近身體極限之後，心情也成為另一個重要的因素。在這段訓練過程中身心狀態有高有低，也讓我遍嘗酸、甜、苦、辣的感受，如今即將再次前往蒙古，這次是獨自一個人，要去面對一段未知的旅程跟挑戰。

當初報名極地超馬之後，因為害怕失敗被笑話，我不敢馬上告訴朋友。經過幾次訓練開始有了信心，才有勇氣在社群媒體上宣告這件事，不出所料，貼文一出留言馬上炸鍋，很多人覺得我怎麼敢去參加這麼可怕的賽事？有人表示敬佩，有人好言相勸，要我量力而為。而我則是寫下了這段話：「人生就像是一塊畫布，想要什麼顏色自己選，喜歡什麼樣的風景自己畫，既要活在當下，也要活得精彩，錯過了，就只剩下一片空白。」

多年前某次到台北馬偕醫院體檢，偶然看到創辦人馬偕博士的雕像，雕像前寫著他的精神標語：「寧願燒盡，不願朽壞」(Rather burn out, than rust out)，這段話一直深植在我的心中。馬偕博士終身力行這句座右銘，奉獻給台灣的醫療、教育和宗教，精神和義行令人肅然起敬。晚輩沒辦法做出如斯貢獻，但願以同樣的生活態度面對自己的生命。人生畫布在填上世界六大馬和多個美麗城市的風景之後，現在即將要再畫上鬼斧神工的自然美景，和未知的旅程故事。四大極地超馬，我準備好了！

五、

2018.7.29 — 2018.8.4

第一站——蒙古國戈壁

成吉思汗的故鄉

戈壁站的賽事地點原本在中國的新疆戈壁，因為政局關係，從二〇一八年起改到蒙古國戈壁舉行。蒙古國是八百年前橫跨歐亞的蒙古帝國發源地，也是成吉思汗出生的地方，面積超過四十三個台灣，首都烏蘭巴托是世界最寒冷的首都，年均溫最低在攝氏零度以下，全國人口只有三百三十萬，將近半數居住在首都，是全世界人均居住密度最低的國家，除了西北部有寒帶針葉林之外，大部份國土不是沙漠、荒山就是草原。

比賽日前兩天，來自世界各地的兩百多位選手自行搭機飛到烏蘭巴托，前往大會指定的旅館集合入住。根據旅館櫃檯旁邊公告的房間分配表，我被安排和一位日本人「肯」同住，他也是我比賽期間同一個帳篷的室友。進到房間後我發現配置是一張標準雙人床、一張折疊行軍床，我心想先到先得，於是選了大床，把小行軍床留給日本人。但隨著時間慢慢過去，已經晚上十點了，室友還沒到達，看著我剛剛攤開整理好的裝備，想著室友等下不知道幾點才會到，如果時間很晚他一定很累，而且還要整理裝備，那麼他需要好好休息，也需要寬敞的空間整理物品，於是我搬到裡面的行軍床，把靠門口的大床留給他。

果不其然，四十五歲的「肯」是一位上班族，當天下班後才從日本出發，接近晚上十一點才進房。打過招呼後肯發揮日本人的禮貌，要將大床禮讓給我，我搖搖頭說不用了，他那麼晚到一定累了，而且還沒整理比賽裝備，小床也很舒服，於是我就先睡了。

隔天用完早餐後所有選手與工作人員都聚集到會議室，先做比賽簡報，說明比賽規則和遇到各種突發狀況時的處理方式：迷路時要返回上一個路線標示點再重新找路、中暑和熱衰竭的應對方式、遇到閃電打雷要趕快蹲下來……，這些囑咐聽得我有點心慌！超馬新手在現場對一切都感到很新奇，聽得一愣一愣的，還好大部份內容在網站上已經有完整說明，否則現場的英文報告也讓人聽得很辛苦。

很高興在簡報會場上見到偶像陳焜耀大哥，我很佩服他能在六十歲時，完成四大極地超馬，他和兩個兒子勇闖四大極地超馬的故事非常感人。這次焜耀大哥又跟大兒子彥誠，一起陪二兒子彥誌來比賽，更顯得父子兄弟情深。在前往烏蘭巴托的飛機上我再次閱讀陳大哥的書時，已經先巧遇兩位公子，當時我還覺得奇怪這兩位帥哥怎麼看起來有點面熟，啊～原來是書本內的主人翁。遇到超馬前輩，我立刻請教焜耀大哥背包背帶要如何調整等幾個問題，受益良多。

簡報過後就是選手報到以及裝備檢查。在網上報名時必須先提供健康證明，以及包含直升機救援的醫療保險資料，報到時再次確認以上資料，並當場簽署風險切結書（有人戲稱為「死亡切結書」），雖然知道這只是比賽必要的程序，但我心中仍有一絲掩不住的緊張。

強制裝備包括食物在內總共有三十五項，其中包括總熱量超過一萬四千大卡的食物（包括泡麵、泡飯、能量棒……等口糧）、背包、防水袋、睡袋、頭燈、閃光燈、多功能小刀、哨子、反光鏡、鋁箔緊急防寒睡袋、指北針、餐具、防曬乳、護唇膏、止痛藥、水泡護理包、彈性護理膠帶、別針、消毒酒精、衛生紙、跑鞋、襪子、排汗褲、排汗衣、羽絨衣、防水外套、簡易雨衣、含頸部防曬的帽子、保暖毛帽、手套、太陽眼鏡、國旗徽章、四大極地賽徽章、水壺、電解質跟鹽錠。為了比賽期間的舒適性跟需要，我還帶了個人裝備：睡墊、充氣枕頭、防砂鞋套、拖鞋、鋼杯、濕紙巾、旅行紙內褲、牙膏、牙刷、牙線、零食（糖果、牛肉乾）、咖啡、小攝錄影、行動電源，運動錶、充電線、國旗。

因為擔心裝備不符合規定，我從報名開始就小心翼翼地準備物品，在家的時候，有事沒事就會拿出來盤點，深怕因為缺少或不合格就喪失比賽資格。賽前檢查的工作人員非常盡責，拿著表格一一盤點每個人的裝

備，不合格的人，必須想辦法馬上更正才能繼續參賽。

由於比賽過程中選手要背著所有裝備，為了要減少體積和重量，選手們無不想盡辦法將裝備輕量化，比如把食物壓碎重新包裝、鋸掉一半牙刷柄、睡墊剪成半截，甚至依照天數計算，只帶七張衛生紙！然而，我可不想把比賽變成逃難，該有的生活品質還是要有，反正背包再輕也不可能變成冠軍，所以睡墊沒有剪，衛生紙帶好帶滿一整捲。

午餐過後所有選手立即出發，前往比賽起點的營地過夜，準備隔日開賽。

打開極地超馬的比賽背包，
裡面裝著各種裝備與用品。

一群瘋狂的人

在前往營地的巴士上，一位滿頭銀髮、體型圓潤、笑容可掬的女士坐在我旁邊，這位和藹的大姐讓我有點好奇，因為她怎麼看都不像是我想像中的超馬選手。路上我們開始聊天，朱蒂大姐來自新加坡會說中文，是位護理長，今年六十四歲，從來沒有跑過步，平時只做騎腳踏車跟健走運動。因為有兩個同事邀請，所以她就一起來了，理由是自己想在六十五歲以前，做一件瘋狂的事。這讓我大吃一驚，光是決定報名我就猶豫了半天，然後神經緊繃地，用三個月時間練習負重跑步一千零一十六公里，這位大姐卻表現得如此氣定神閒，流露出真勇者的氣魄。

另外有一位外型顯眼，身高將近兩百公分，卻彎著腰走路的尼爾森，他是六十二歲的瑞典人，脊椎開過三次刀，使得他無法挺直背走路，卻依然勇敢參賽。還有一位七十五歲的韓國爺爺，一位七十三歲的日本阿公格外引我注意，這兩位老大哥竟也來參賽，我吃驚地看著這些人，跟他們比起來，我根本是個強壯的年輕人，還在緊張什麼呢？

營地距離烏蘭巴托有三百六十公里，我們坐了六個小時的車才到達。這裡有一座建於十世紀的古城堡Khar Bukh Balgas，尚未修復，營地就在古城堡旁。一到達營地，主辦單位安排了蒙古傳統樂器、歌唱和柔術表演歡迎選手。

找到帳篷，認識了這七天的室友：一位也是來自台灣的傑，他是位四十七歲IT工程師，體重一百公斤的壯漢。一位五十一歲的韓國人金，長住東京經商。還有四位日本人：飯店室友「肯」、五十八歲的小學老師臼井、四十四歲的企業顧問磐城，還有三十一歲的私人教師中村。放下裝備，我突然發現鄰床室友中村旁邊有一個足球！這怎麼回事？怎麼會有足球呢？中村說：「我要一邊跑一邊踢足球。」什麼？一邊跑一邊踢足球！是全程嗎？中村微笑看著我說：「是的，沒錯。」啊～啊～在瘋狂的地方，就會碰到瘋狂的人，這裡全都是！

沒有電力跟網路，天黑之後除了少數人在營火邊取暖聊天之外，大部份人都早早就寢，準備迎接明天的賽事，我閉目躺在帳篷內，想到明天的比賽，心情有如戰士要出征前緊張，朦朧之間彷彿聽到蒙古軍隊的戰鼓聲在遠方響起。

Day 1-2
7/29-30

千年古城起跑

起跑點位在一望無際的蒙古大草原，賽道平均海拔一千五百公尺。當地風勢不小，緯度又偏北，因此雖然是七月底的大夏天，但是早晚氣溫不到二十度，非常涼快，甚至帶點寒意，白天最高溫只有二十七度。

比賽第一天，清晨五點就有人悉悉簌簌地在整理背包，昨晚興奮的心情和室友們此起彼落的鼾聲，讓我睡得並不安穩。雖然在家裡已經整理過背包無數次，但因為天生健忘，還是不停地翻找東西，顯得手忙腳亂。儘管如此，仍然在匆忙之中擠出時間，吃完乾燥飯當早餐之後喝杯咖啡放鬆心情。

因為天氣等多種可能發生的突發狀況，賽事單位有可能隨時調整賽道，因此每天出發前半小時有十分鐘的賽事簡報，為選手們說明當天的比賽距離、賽道狀況以及天氣。八點鐘一到，一陣歡呼聲中，兩百三十二位選手跑過古城堡，將八百年前的輝煌留在身後。

起跑後，眼前所見的草原上到處點綴著藍色的小花，雖然有幾段大陡坡，但是路程並不困難，陰涼的天氣非常舒服。還沒有看到戈壁沙漠，望眼四周全是沒有盡頭的大草原，一路風景美不勝收。途經遊牧人的農場跟蒙古包，羊群跟馬群在漫步，牧民騎著馬揮手，小孩們排隊在蒙古包外加油，我跟兩位大叔親切握手。

有個牧民的農場簡直就像是一幅畫，彎彎的小河在綠色的大地蜿蜒流過，沿著碗型河岸有個羊圈，羊群們低頭吃草，後面襯著藍天白雲。

開賽後我發現一位日本選手全身做蜘蛛人的打扮，這不就是我在二〇一八年三月首爾馬拉松遇見的那位仁兄嗎？當時他就穿著同樣的打扮和背包比賽，原來跟我做負重旅跑訓練一樣，世界很大，馬拉松圈子卻很小，有緣天涯海角都能相逢。另外還有兩位意大利女士變裝戴假髮，打扮成搖滾歌手來參賽，帶給大家很多歡樂。

賽前做的一千公里訓練發揮功效，第一天距離四十公里，我以五小時二十八分愉快完賽，不過兩隻腳後跟，同時各收穫了一個看似不要緊的小水泡。

比賽第二天又是一個涼快的早晨，今天要前進四十八公里，關門時間十二小時。例行的早晨簡報之後在八點出發，一路還是無盡的草原。跑跑走走維持著昨天的速度，路上偶爾跟其他選手打招呼聊天，真是愉快的比賽。

但美麗的大草原看久了也會產生視覺麻痺，我看見前面有位日本女士跑到岔路處，沒有看到標示旗轉彎了，還繼續往前跑，於是我趕快大聲叫她回來，心中忍不住暗笑，沒想到過沒多久換我跑錯路三次。沒辦法，跑久了腦袋就會放空，因此沒有注意路線。

好心情隨著距離推進而慢慢消失，在二十公里處，我發現大腿內側燒襠出血，還好強制裝備裡有醫用膠帶，趕快停下包紮後解決這個問題。緊接著卻又發現另一個問題，賽前訓練時我因為怕損壞比賽背包，所以大部份是用女兒的登山包來做訓練，結果因為和比賽背包的結構和固定方式截然不同，加上背包內的物品也不同，導致重心位置不一樣，經過長距離奔跑後背痛問題越來越嚴重，只好在第三個檢查點 CP3（Check point 3 的簡稱，以此類推）停下來休息十分鐘，請醫療人員擦藥，並吃了一顆止痛藥，之後才慢慢恢復跑步，最終以七小時三十分完成今天賽段。回到營地我發現，除了昨天冒來出的水泡變大之外，又多了兩個新水泡，看來要好好處理它們，否則之後會變成大問題。

讓人意外的是，今天的營地是一個蒙古包度假村，背靠一座大石頭山，景色優美。到達營地的選手們紛紛在帳篷外曬起五顏六色的衣服和襪子，晚上睡在度假村的蒙古包內，暫時疏解帳篷的擁擠，也為比賽過程增添一點樂趣。

上｜渡假村營地的蒙古包就是選手們的休息區。
下｜來自義大利的變裝跑者。

全程比賽一路踢球的中村。

Day 3
7/31
蒙古戈壁

第三天預定前進四十二點五公里，起跑時是陰天、氣溫二十度。出發後，我們就往營地後方的石頭山前進，爬上石頭山頂的路程有兩公里，沿途根本沒有道路，我們手腳並用地在岩石堆往上爬，花了近一小時才登頂。這座石頭山是一座漂亮有趣的障礙，由下仰望很壯觀，由上俯視很驚歎，讓今天的比賽有個很好玩的開始。

爬上山後我見到一片貌似枯樹的白色樹幹，散立於山坡上。下山時經過廢棄村莊，裡面尚有一間小廟，幾家村民剛好來拜神，恰好充當了我們的啦啦隊。

從出發到CP1的距離才五公里，卻已經花了快兩小時。繼續往前，到達CP2時有項特別規定，離開時強制要求每位跑者要裝二點五公升的水，而之前的檢查點只建議選手裝一點五公升，理由是到達下個檢查點的路程較遠，而且是沙丘地形比較難走，需要較多時間。

往沙丘的路途的確不好走，地形上上下下而且是軟沙路面，地上有許多種植物，經常刮到小腿，讓人行走困難。到達沙丘區後的景觀變得大不相同，有別於三天以來沒有盡頭的大草原，高大的沙山矗立眼前，沙山上長了大量不高的植物，我心裡想著不知是先有沙還是先有植物？

繼續前進，看到另一片完全沒有植物的綿延沙丘，我玩性大發，加足馬力往下衝下一座沙坡後，利用加速度再繼續衝上另一座沙丘，氣喘地佇立在沙丘頂上，望向遠方那片壯觀的沙漠，不禁吶喊出來，「這就是蒙古戈壁！」

離開沙丘後到CP3之前要涉水過河，大部份的選手都很瀟灑地穿著跑鞋直接踩踏進河裡。我沒有遇過這種狀況，決定脫下鞋子拎過去，啊哈～冰冷的河水真舒服，過河之後再度回到草原上與牛羊同跑。

令人驚喜的是進入今天終點前七、八百公尺，我們跑進一片遍布紫色小花、色彩繽紛的草地之中，像極了愛情文藝片的場景，我就像是愛情片裡的男主角，一路跳回終點。只可惜下午三點後下起大雨，後面的跑者一個個淋成落湯雞回來，而這一大片原本遍佈紫色小花的美麗營地變成一地泥濘，愛情文藝片的場景幻滅了。

今天的賽程需要手腳並用，爬上石頭山。

草地上開滿紫花，就像是電影場景一般。

Day 4
8/1
天打雷劈

第四天是長賽日，要推進七十點五公里，嚴苛賽程考驗著選手的耐力和意志力，因為天候關係，出發時間延遲到早上十點。

一大早就發生了一件事，給今天帶來了個有趣的開始，眾人聚集的營地顯得很熱鬧，不時傳來嬉笑聲。原來是大家把昨天淋溼的衣服鞋襪都拿出來，圍坐在火爐旁，邊烤衣服邊聊天，熱鬧程度不輸烤肉派對。我也趕緊把衣服鞋子都拿出來，因為出來得早，佔到了靠近爐火的好位子。我把鞋內的鞋墊拿出來，跟鞋子一起放在火爐下底下烘烤，心想等會兒穿上乾爽的鞋子就舒服多了。再拿起兩根木材撐起衣褲在爐邊烤，真的很像在烤肉。然後跟一旁的印度人雞同鴨講地聊天，只是，再來……悲劇就發生了！

因為火爐溫度高，加上一聊天就忘了時間，等我想到的時候低頭一看，鞋墊已經變身烤焦的魷魚卷，這件事很快地就變成全營地的笑話。那一天有人跟我說，嗨，傑森，聽說早上有人把鞋墊烤焦了。我只好回答，「喔，我也聽說了，那個笨蛋就是我。」然後「呵、呵、呵」傻笑三聲，實在很糗！

但上帝關上了一扇門，就會幫你開啟一扇窗。這時候出現了一位天使，令人備感溫暖。那是位高大的荷蘭女士伊芙琳，這幾天我們從來沒有交談過，她走過來問我是不是鞋墊烤焦了，我不好意思地回答是的，順便警告她烤鞋子要小心；沒想到原來是她多帶了一副鞋墊，聽到我的不幸，決定拿過來轉送給我，這實在太窩心了！可惜經過一番修改，她的鞋墊還是因為太小而不能用。少了鞋墊，我只好穿兩雙襪子上陣。直到比賽結束，我每低頭看到鞋子一次，就會想到陌生人的慷慨而感動一次。讓人意外的是，沒有鞋墊的鞋子穿起來竟也如此舒適，我跑起來很順暢，直到比賽結束腳上都沒有再長新的水泡。

俗話說「好事總要成雙」，繼鞋墊魷魚卷事件之後，我又因為分心把早餐弄翻，經過一番搶救，本來就不多的份量也只剩下五分之一。接連遭遇兩場悲劇，真是「美好的」的早晨。

十點鐘開賽後，我小心翼翼地起跑，延續前三天的配速。因為今天是長賽，之前從來沒有跑過這麼長的距離，我告訴自己必須控制好速度才能順利完賽，除了左腳踝跟兩腳前腳掌感覺有點不舒服之外，一開始狀況還不錯。

在CP2的時候，右前腳掌感覺越來越不舒服，這似乎不是沒有鞋墊所造成的不適感，但是為了防止起水泡，我停下來為腳掌貼上膠帶。塔麥克從我身旁經過，問我還好嗎？我揮揮手說沒問題，讓他先走，我們一會兒見。塔麥克是波蘭的媒體人，因為彼此的速度差不多，這幾天我們經常一起跑。

可是左腳踝的疼痛感卻越來越強烈了，到了二十四公里處，我已經痛到不行，不得不再度停下來，拿出彈性繃帶固定腳踝，但是完全沒有效果，每跑一步都會感到劇烈刺痛，只跑了兩百公尺我就放棄，完全不能再跑，實在太痛了！今天後面還有四十五公里的距離等待完成，我坐在地上，看看天空和遠方的草原，心裡有點涼涼的，該不會就這樣完蛋了吧？

不行！還不到放棄的時候，既然不能跑那就試著走走看。吃了一顆止痛藥之後，我小心翼翼地改用以行走的方式，結果還不錯，腳踝不會感覺太難過。天無絕人之路，那後面四十五公里就改用走的，好好欣賞風景吧。

CP4有供應熱水，於是我慢條斯理停下來吃碗泡飯、喝杯咖啡才走，保持愉快的心情跟良好的體力有助於完賽。這時候才下午五點半，時間還早，剩下三十公里的路程外加兩座山。此時能跑的人都在前面，後面是三三兩兩的老弱殘兵，前後都看不到人。

天色開始慢慢轉暗，CP5的工作人員提醒，要打開後背包的紅燈並戴起頭燈。黑暗中繼續一個人獨走，晚上八點四十五分到達CP6，根據手錶記錄，我以為只剩下十公里，預計晚上十一點前可以到達營地，沒想到貌似路線變更，至少又多了三公里。

我在腳傷的情況下走了四十六公里，已經感到相當疲憊，卻又突然多了一道考驗。早上進行賽事簡報的時候，曾提到今天的比賽不用涉水過河，可是就在離營地約兩公里處，一片漆黑中，突然出現一條小河橫在前面。我左繞右繞就是繞不過河，是我聽錯了嗎？可是那支賽道標示旗怎麼會插在河對面？旗子在對岸那就得過啊。此時天很黑，我實在感到有點害怕！

雖然河面不寬，只有二十幾公尺，但是這個時候四周烏漆抹黑地什麼都看不見，不知道水有多深，也不知道河裡面有沒有不明生物，獨自一個人，我感到非常沒有安全感。左顧右盼之後沒有辦法，只能相信河對面的那支賽道標示旗，按耐下不安的心情，心一橫穿著鞋走進水中，朝著旗子慢慢走過去，所幸最後有驚無險順利過河。

只是沒想到來還來不及高興順利過河，更大的考驗接踵而至。才剛上岸，好像事先安排似的，剎時間雷電交加下起了大雨。連續的強大閃電劃破整個夜空，像隻張牙舞爪的猛獸，令人膽戰心驚；巨大的雷聲宛如砲彈爆炸不絕於耳，簡直比在戰場還恐怖。想起主辦單位在酒店的賽前會議中說過，遇到雷電要蹲下來，但當下是在一望無際的大草原，完全沒地方躲，全身又溼又冷，更要命的是，雷電幾乎沒有斷過，依照三個多月前我在波士頓馬拉松的凍雨經驗，這時只能快步往前返回終點，如果一直蹲在地上只是在等死。

幸運的是冰冷的雨水大大地降低腳踝的不適感，得以提高行走速度。黑暗中積水的草原坑坑窪窪很危險，稍一不慎人就會摔倒，甚至導致腳傷變得更嚴重，幸好我的運氣不錯，提心吊膽一腳高一腳底地安全通過雷雨的考驗和地上的泥坑陷阱。二十分鐘後，我以十三小時十五分的時間，終於驚險地抵達營地，那一瞬間心中有種歷劫歸來的感覺。貼心的組委會特別準備了一個有火爐的帳篷，讓選手到達後能夠先在火爐邊把衣服和裝備烤乾，身體回暖後再回帳篷。稍晚室友傑也回來了，他沒有那麼幸運，在黑暗中跌倒了兩次，回到營地時全身是泥，幸好沒有受傷。

休息一晚之後，隔天我回想起長賽日這一整天的遭遇，卻有了不同於當下的感受。早上不小心燒壞了鞋墊，卻因此警惕了別人，而我收到陌生人雪中送炭的溫暖，感覺人間有愛。腳傷讓我慢下節奏，有更多時間欣賞風景和發呆，第一次體驗到徒步四十八公里的感覺。晚上獨自涉水過河是一個難得的經驗，非常考驗自己的勇氣以及對主辦單位的信任。最後，在深夜低溫下帶著腳傷，面對漫天亂射的閃電和轟天巨響的雷聲，我深刻感受到人類的渺小；驚嚇萬分中，逃命似地快走二十分鐘，也讓我深深感受到落後的其他慢速跑者，在這場賽事中所承受的考驗，也因此更加佩服這些晚歸的人，雖然速度較慢，但是他們的意志力跟勇氣，完全不亞於快速跑者。

上｜這一天的比賽是在蒙古的戈壁沙漠中奔馳。

下｜選手們在夜間過河。

Day 5
8/2
那達慕

昨天的長賽一直持續到今天早上九點多，直到最後兩位跑者回來才結束，於是今天剩下來的時間就留給選手好好休息。不過整個早上都下著大雨，雖說是休息日，但同帳篷的每個人卻顯得既狼狽又辛苦。因為下雨跟風向的關係，每次有人進出，我們的帳篷裡就會噴進很多雨水，造成帳篷內的積水；更糟的是帳篷外滿地泥濘，走進來的人會將泥水帶進來弄髒了地板，而每個人的裝備都非常精簡，沒有抹布可以擦地板，使得原本已經相當擁擠的帳篷，還要挪出空間以避開髒水，非常不容易。後來我受不了，不得不犧牲唯一的擦臉巾來清潔地板。

可能是第一次在蒙古國舉辦比賽的關係，上廁所也是一大問題。這場比賽的廁所是就地挖坑，用黑色遮陽布圍起的隔間而已，既通風更見光……沒有屋頂。在下著大雨的這個時候如果要上廁所，必須要穿雨衣淋雨解決。正因為如此，儘管體內的水庫早已漲滿，我卻寧願躺在睡墊上發呆，一動也不想動。

上午十一點多，大會啟動B計劃，宣佈臨時變更營地，要把所有人載到附近市區的體育館，現場歡聲雷動。這下子不僅不怕風雨，還有抽水馬桶可以用、可以洗衣服，享受已經好幾天不見的文明生活！

一到體育館，大家馬上把淋濕的衣服鞋襪全部拿出來晾曬，體育場中間的羽毛球網上，瞬間被掛滿衣物，觀眾席的座位也很快被佔滿，欄杆等能掛的地方都掛滿了衣服，偌大的體育館變成曬衣場。接著，有人做起伸展運動、有人洗衣服、有人上廁所、有人泡食物，七、八個韓國年輕人玩起按摩接龍，坐在地上一個接一個，一邊唱歌一邊互相按摩肩頸跟背部，讓體育館內熱鬧非凡，比起上午困在泥濘草地的帳篷內，這個景象宛如天堂。

安置妥當之後，我認真地檢查腳傷，只見左腳踝腫脹，腳背向上彎曲時脛前肌會疼痛，看起來有點嚴重，只好到醫療站求救。醫生看完後搖搖頭，說他只能給我塗點藥膏，沒辦法做更多，會造成這樣的原因是因為過度使用前腳掌。擦完藥後我失望地走回休息區，腦中突然間靈光一閃，醫生所謂的過度使用，是代表我比賽前訓練不夠！因為以前不常訓練這個部位，比賽時因為地形關係突然大量被用到，所以變成過度使用，這個醫生說話真客氣。

我賽前的訓練地點都在平坦的公路，因此腳踝跟脛前肌的受力比較小，然而草原地形崎嶇不平，前幾天不斷地奔跑，很多時候必須用前腳掌著地，而且衝擊力道很大，因此造成腳踝及脛前肌發炎，現在只能祈禱經過今天的休息後，明天可以跑起來。這堂運動傷害課讓我刻骨銘心，除了以行走四十八公里磨練心志之外，若沒有腳傷，昨天的長賽將會在十二小時內返回營地，也就不會經歷那場永生難忘、驚心動魄的雷雨，這一切都是最好的安排。

轉頭看到這幾天結交的好朋友，五十二歲法國人史蒂芬坐在一旁垂頭喪氣、悶悶不樂，問他怎麼了？原來他的胃從第三天開始就感到不舒服，現在想要吃甜食，想要喝可樂，甚至還想要棄賽。(喔，不！我們已經跑了兩百公里，快要完成比賽了，你不能棄賽。) 靈機一動，我給了史蒂芬一條蜂蜜能量膠，他竟然先問我蜂蜜好不好吃，我故意回答他沒吃過不曉得，不過包裝標示是有機的。史蒂芬吃完之後，原本眉頭深鎖的臉開始出現笑容。看來法國人不僅很愛吃甜食還很挑呢。明天加油，兄弟。

下午天氣逐漸轉好，四、五點的時候，幾個大會義工分別跟大家說，外面天氣不錯可以出去走走，而且體育館對面的大草地上好像有活動，一群蒙古人似乎在慶祝什麼。於是大家好奇地走過去看，草地上的蒙古人都穿著華麗傳統服裝，有人在射箭比賽，有人在演奏馬頭琴、歌唱還有舞蹈表演，再來是蒙古的國粹——摔跤，日本蜘蛛人上場挑戰壯碩的蒙古勇士，當然是三秒鐘就躺平，惹得大家哈哈大笑。這些活動如果再加上騎馬比賽，不就是有名的蒙古傳統慶典活動「那達慕」嗎？原來這是大會刻意安排的活動，讓選手在空檔時間觀看蒙古的傳統表演，卻沒有直接向大家宣布，而是先把選手們哄到外面，再讓我們自己慢慢發現，老外真會給人驚喜，我喜歡這個梗。

上｜第五天休息日，大會啟動 B 計畫，讓選手移動到附近體育館休息。
下｜蒙古傳統慶典活動「那達慕」的表演活動——摔跤。

Day 6
8/3

驚險完成當天賽程

第六天因為受到前兩天的暴雨影響，進行了賽道調整，距離縮短十公里只剩三十公里。這對我來說是個好消息，受傷的腳踝經過一天休息後仍然相當腫痛，因此今天還是只能全程快走。

八點從體育館發車到起跑點，九點開跑。前十七公里的景觀跟前幾天差不多，依然是望不盡的草原。二十公里之後進入一座山區森林，在森林內的一段上坡遇到同帳的日本室友小學老師臼井。他看起來狀況不太好，臉色蒼白而且氣喘吁吁，好像快虛脫的樣子。於是我拿出一包巧克力堅果棒分享給他，並建議他坐下來吃點東西休息一下再走，然後我先離開。五十分鐘之後他面帶微笑跑步追上來，互相打過招呼後繼續向前跑，看起來精神不錯，應證了「休息是為了走更遠的路」的道理。

森林過後又是大片的草原，有條小河蜿蜒流過，幾個牧民的孩子在附近騎腳踏車，有個小幼童全身光溜溜笑著跟我揮手，可愛極了。草原上散佈着幾家牧民的蒙古包，幾百、上千隻的牛、羊、馬在河裡喝水，在坡上吃草漫步，一切看起來是那麼的美好。在草原跑了幾天後，我感覺自己也變成動物了。

幸好今天只有三十公里，走到最後五公里時，我的腳踝又開始覺得不舒服。另一個室友磐城追上來，我們小聊了一下一起走到終點，真愉快。明天只剩十公里，想到即將完成自己的第一場極地超馬，內心掩

不住歡喜了起來。

抵達最後一晚的營地之前，路途中出現一個好玩的東西。賽程後段，我們遠遠地就看到今天的營地是在河的對岸，原來因為前天大雨之後河水暴漲的關係，現在要划橡皮艇才能過河。由於河水湍急，所以必須先用繩索把橡皮艇拉到上游處，上船後六個人一起划槳，順著水流而下，剛好在預定的登陸點靠岸。想不到這輩子第一次划橡皮艇，竟然是在超馬比賽的這種情況下，真是有趣。過河後工作人員再次核對人員有無到齊，安全措施做得很好，只是鞋襪再次全溼，背包底部也浸了水，還好裡面的食物和手機等重要東西，都已經用塑膠袋保護起來，不然就完蛋了。

營地位於兩河之間的大沙洲，整個沙洲完全被草地覆蓋，河的遠方群山環繞。另一側河對岸有群馬在吃草，牛群則躺坐在草地。回到營地的跑者們三三兩兩地聊天、吃飯、曬衣物，也曬人。老外喜歡做日光浴，很多人攤在太陽底下，也有人下河游泳。這幅景象不禁讓我想起《論語》「浴乎沂，風乎舞雩，詠而歸」的太平情景。我不喜歡曬太陽，老早就躲在帳篷的陰影下喝咖啡、做筆記，享受自己的輕鬆時刻。

昨天開始跟幾個常打招呼的跑者留email，這幾天我為大家拍了一些照片，回台灣後要寄照片給他們。來自波蘭的塔麥克跟我變成好朋友，邀請我到波蘭做客，好啊！那就準備華沙（波蘭首都）馬拉松見。因為語言的關係，這幾天在帳篷內跟四個日本人言語交流雖然不多，但彼此相處融洽，幾天奮戰下來竟有了如同當兵一般的同袍情感，明天即將結束比賽，大家顯得離情依依。

今天最後一個回來的選手，就是那位身高一百九十七公分，六十二歲的瑞典大哥尼爾森。他因為背部開刀兩次，腰無法打直，變成駝背。膝蓋也因疾病關係，只能彎著腿走路。所以他就這麼駝著背、彎著腿、背著重裝，完成這幾天兩百多公里的比賽距離，真是不可思議。

選手們要自行划橡皮艇過河。

Day 7 8/4
第一場超馬完賽

賽程只剩最後九公里！

為了避免拖延整體的完賽時間，其中二十五名速度較慢的選手在六點十五分時先行起跑，其他人則在七點鐘起跑。可能是因為沙洲風大的關係，昨晚入睡前我還覺得有點熱，沒想到半夜竟然被冷醒，整個人都縮到睡袋裡才能入睡。原本打算今天要穿短褲短袖上場，也臨時改變換長裝上陣。大會順勢大發慈悲，昨晚本來宣佈一早要從營地邊緣起跑，然後跑過河，改成先讓大家拎著鞋子過河，到對岸穿好鞋襪後再起跑。過河時我一腳踩進冰冷的河水，牙齒忍不住打了幾個寒顫。

冰鎮過的腳踝雖然仍感覺些微不適，但是試跑幾步後發現痛感已經消失大半。前兩天因腳傷累計走了七十八公里，有點鬱悶，今天決定一跑為快！除了上坡，大部分以每公里五分三十秒的速度前進，早上是陰天，冰冷的空氣跑起來很舒服。

倒數三公里，賽程進入市區，這裡是成吉思汗的蒙古帝國首都「哈拉和林」，終點在光顯寺。最後六百公尺沿著光顯寺的圍牆跑向後大門，入門前五十公尺處先打卡交回晶片，正式完成比賽。然後醞釀好心情，拿出國旗，轉彎跑進寺院跳過終點線，享受大家的歡呼，我的眼角不禁有點濕潤，興奮地對著天空大喊：「我—完——賽—了！」

終點線旁，擺有各種食物和飲料，這可是我們朝思暮想了一個禮拜的東西，因為已經整整一個禮拜沒有看過真正的食物，恨不得把它們全部吃下肚，已到達的選手們個個狼吞虎嚥吃喝起來。大家互相道賀擁抱，我跟幾個熟悉的選手拿起啤酒互相敲瓶、照相留念。整整七天，背著行李前進兩百四十公里，忍受各種生活不便，七個大男人擠在一頂帳篷睡覺；經歷脛前肌跟腳踝發炎，差點以為要退賽；在大草原上遭遇雷電跟暴雨襲擊，倉皇逃命；一路忍受傷痛，才完成了這趟旅程，收穫我的第一場四大極地超馬。

從當初決定參賽到完成，經歷充滿疑惑的自我摸索到完成實戰的洗禮，只不過大約一百天的時間而已，身份從馬拉松跑者一下子晉級成極地超馬跑者，這感覺實在太夢幻。

根據官網公佈的成績，本次賽事一共兩百三十二人起跑，十六人中途退賽，兩百一十六人完賽。我在這七天六夜中完成了距離二百四十二公里的賽程，雖然其中七十八公里完全是以步行的方式完成，仍以總時間三十九小時二十九分的成績排名第七十六名，完全超出自己的期待，順利拿到第一面極地超馬的完賽獎牌。日本電視台NHK特別派出十三人的攝影團隊，透過陸空聯手完整拍攝本次賽事，製作成一個英文節目，可參考NHK的媒體網頁「https://www.facebook.com/nhkworld/videos/1045517932319740/?_rdr」

完賽的激情過後，我想要找洗手間並順道拍一些古蹟，誤打誤撞走到光顯寺前門，看到門外有穿著古裝的蒙古人在拍照，也不管他們是誰就跑過去合照。後來發現這些蒙古人是一般的遊客，大門旁邊就有服裝出租，我二話不說馬上付了五千蒙古幣（不到三美金）租一套戰士服，再別上比賽的號碼布，扮成蒙古超馬戰士，在城門前拍照留念。

沒多久，一位蒙古當地女士走過來，她可能聽說了我們的比賽，用手勢示意請我把獎牌借她，這當然沒問題。只見她雙手接過獎牌虔誠地對天默念，然後低頭閉上眼睛用獎牌碰觸自己的額頭三秒，好像在祈福，之後為她旁邊的小孫女再祈福一次，看著她們的動作，我沒想到自己的獎牌對其他人來說竟擁有神奇的力量。

接著坐車返回烏蘭巴托的飯店，不難想像，一群沒洗澡全身污泥的跑者坐滿一部車，車內的氣味有多麼令人提神。司機有備而來，上車之前先戴上了口罩。回到飯店，我洗了三遍頭，洗澡水才不是黃泥色，然後換上輕裝愉快地參加慶功宴。宴會上，參賽的超馬選手個個都變成了紳士淑女，讓人差點認不出來，那位迷路的日本女士還特地換上了和服。

順利完成人生第一場極地超馬。

流動的光，勇敢的香港媽媽

這場比賽中除了前面提到的幾位長者之外，也有不少韓國、日本、香港的年輕人參與，其中包括主辦單位贊助了三位阿富汗年輕女性參賽，以支持當地女權平等運動。另外，還有一個香港年輕人 Calvin 特別引我注意，因為他很特殊。

Calvin 總是很安靜地緊緊跟在媽媽 Alice 旁邊，以女性選手的狀態來說，Alice 的速度相當不錯，如果是個人比賽，我也不見得能跟得上她。賽道上偶爾與他們交會，幾乎沒有聽過 Calvin 講話，但從他的眼神跟表情可以明顯感覺出有點異於常人的特質。然而他非常溫馴，聽到媽媽叫他跑、加速或是走，都能立即反應並且做得很好，這讓我不禁好奇起來媽媽對他的付出，以及兩人完成了多少辛苦的訓練。

因為感佩 Alice 母子的精神，賽後我特地向她致敬，得知 Alice 的職業是香港公務員，身為單親媽媽，Alice 平常要照顧患有智能障礙的兒子 Calvin，另外還要照顧健康不佳的雙親。為了培養母子的共同興趣，Alice 從 Calvin 十五歲開始帶他健行爬山，有益 Calvin 智能發展，之後兩人都喜歡上這項運動，進而開始跑步。

他們的訓練過程並非一帆風順，兒子因為生理缺陷有時會情緒不穩定，嚴重時必須到醫院治療，只有精神穩定時才能再度展開訓練。在 Calvin 的運動能力提高之後，Alice 開始帶他參加比賽，以增加 Calvin 從事運動的動力跟樂趣。這次她與朋友 Edward 共同組成「永不放棄」隊挑戰自己的人生，證明四十四歲的單親媽媽帶著十九歲智能障礙的兒子也能夠完成七天的超馬比賽，她最終的夢想則是要帶著 Calvin 共同完成四大極地超馬。

更加令人敬佩的是，忙碌的 Alice 平日除了工作、運動與照顧家人之外，固定每週一次，帶著 Calvin 到戶外照顧風餐露宿的街友，並自費購買物資發送給他們，除了藉此機會教育 Calvin，也想讓社會知道智能障礙者不是社會的負擔，甚至能夠照顧別人，以實現 Calvin 的生命價值。

Alice 不因兒子天生障礙而自卑或怨天尤人，反倒是積極生活，走向戶外與人群，鍛鍊其體魄心智，彌補上天給予的不足，並發送善心回饋社會。他們勇敢做夢挑戰人生，順利跑完蒙古戈壁七天超馬比賽，贏得團體組比賽第一名成績，這個成就甚至超越許多生理健全的一般人，Alice 與 Calvin 母子的故事深深感動了我。

完成這次比賽，除了達到自我實現的人生目標，我也從其他一起奔馳的跑者身上學習到不畏不懼的精神與勇氣。來自新加坡六十四歲的朱蒂，完成了想在六十五歲前做一件瘋狂的事的願望，順利完賽；來自瑞典六十二歲經過幾次手術的尼爾森，以彎腰駝背的模樣，堅持完賽了；韓國七十五歲和日本七十三歲的兩位阿公級選手不疾不徐地順利完成比賽；年輕的日本私人教師中村，除了部份岩石地形之外，在絕大部份的賽道上都踢著他的足球前進，完成賽事；香港媽媽 Alice 不僅帶著十九歲患有智能障礙和自閉症的兒子 Calvin 完賽，還奪得團體冠軍。這些選手挑戰自我的精神，不僅每天鼓舞著我繼續前進，也深刻地影響了我的人生觀，成為這場超馬賽的最大收穫。

此外還有多位跑者，各自肩負為不同慈善單位募款的任務，在跑步享受比賽的同時，也為需要幫助的人盡一份力量，有募集殘障兒童醫療費、為尼泊爾的兒童成立電子圖書館、為印度貧童成立學校、為沙漠缺水地區找水源等等。在他們身上，我感受到善的力量以及各種激動人心、勇敢挑戰人生的精神，彷彿一道道流動的光，在蒙古大草原上搖曳蕩漾，散發出美麗的光彩。

這場賽事中，整整七天與世隔絕，起床後就出去跑步，回來後就坐在草地上聊天，看看天空、抓抓癢。每天只能吃著簡單、少量食物，沒水洗澡、沒電、沒網路，這種回歸大自然的生活，更像是一種修煉與自我對話。選手之間只有真誠的交流，沒有國界、沒有人種膚色、沒有宗教、沒有階級之別，宛如世界大同。

六、

2018.9.30 —
2018.10.6

第二站——智利阿塔卡馬

地球上最像火星的地方

在蒙古戈壁站的賽事中，雖然腳踝及脛前肌受傷，但最後仍順利完賽的經驗，讓我感到信心大增。距離下一站智利阿塔卡馬的比賽只剩下一個多月，在回到台灣治療、休養幾天後，時間更是所剩無幾。因此我沒有加大訓練的份量，而是沿用戈壁站的節奏練跑維持體能，另外增加一些簡易的山徑路線，以達到山徑訓練的目的又可以避免受傷。另外在蒙古站的賽前訓練時，我擔心弄壞比賽用的背包，所以大部分都是用簡易登山包進行訓練，這也導致我對比賽背包的使用不夠熟練，在正式比賽時讓背部吃足了苦頭，所以這次特別從訓練期就頻繁使用比賽背包，以習慣它的重心位置和背帶調整方式。

阿塔卡馬沙漠位於南美洲的智利，是地球上最乾燥的地方，年均下雨量只有零點一毫米。沒錯，只有零點一毫米，比我睡覺時流的口水還要少！有的地區甚至有五百年沒有下雨的紀錄。因為過於乾燥，某些地區的土壤內完全沒有微生物，使得這裡成為地球上最像火星的地方。也因為這裡的空氣乾燥，全年有兩百多天的天空完全沒有雲，再加上海拔高，成為觀測天文的最佳場所，這裡建有台灣也參與其中的國際合作天文計畫「阿塔卡瑪大型毫米及次毫米波陣列（ALMA）」，這是由六十六座天線構成的世界最大矩陣電波望遠鏡，收集來自太空的訊號，並彙整成影像。

阿塔卡馬沙漠還以特殊而多變的地形出名，環境乾燥且地形酷似月球表面，溫度日夜變化大，美國太空總署多次選擇在這裡進行星球探測車的測試，也有多部電影在此地取景。

彩虹峽谷

比賽的集合地點在位於智利東北角的聖佩德羅阿塔卡馬，距離玻利維亞不遠，是一個著名的觀光小鎮，這裡也是比賽的終點，海拔兩千四百公尺。

由於位處高海拔、沒有植被，氧氣更為稀少，為減少發生高山症反應的機率，我決定帶著太太提早到達聖佩德羅，除了適應高海拔環境也順便旅遊，因為一部分的比賽路線會經過旅遊景點，剛好讓太太想像我在比賽時的情景。

抵達當地後我一共進行了三次練跑，第一次練跑十公里時除了喘、心率又高，等到第三次的時候，我覺得自己的身體已經逐漸適應高海拔、低氧的狀況，因此想要增加訓練距離到二十公里，沒想到當天吹起非常大的逆風，體力消耗巨大，加上傍晚時分吹太久冷風覺得身體很冷，只跑了十五公里就收工。回到旅館後頭痛欲裂，症狀類似高山症反應，幸虧休息兩小時後恢復正常，後續進入正式比賽，一路上身體舒暢，再也沒有任何不適反應。倒是前幾次練跑時經過郊外的村莊，首次體驗到被狼狗追的感覺，搞得我腎上腺素狂飆，真是刺激的經驗。

選手入住的飯店是Diego De Almagro，白色西班牙式建築加上庭園與游泳池，很有渡假的感覺。大會特別安排了一位也是本次參賽跑者艾許的經驗分享會，給初次參加的選手當作參考。艾許是來自加拿大的牙醫，從他第一次參加阿塔卡馬比賽就愛上這個美麗的地方，之後就每年都會來跑步，這次是他連續第十年來參賽，因此非常熟悉阿塔卡馬的賽道，所以跑友們特地給他一個偉大的封號——「艾許卡馬」。

賽前照例要檢錄裝備，這次多帶了一些食物，使得我的背包在開賽前就已經重達十點五公斤，比賽時再加上水將達到十二公斤，沒辦法各人造業各人擔，為了滿口腹之欲，只好多背一點啦！

上午所有選手完成裝備檢錄，下午即出發前往第一天營地，距離聖佩德羅九十公里的彩虹峽谷，海拔高度三千兩百公尺，時隔兩個月再度離開文明世界七天，入住沙漠。兩個小時的車程後到達營地，運氣很好，就在營地峽谷前遇到一群可愛的野生羊駝。羊駝是智利的保育動物，萌萌的樣子非常受遊客喜愛。因為地質原因，彩虹峽谷呈現出紅、綠、黃、白的顏色，再配上永遠的藍天，非常美麗，看到要在這麼漂亮的地方露營，我感覺實在太幸福了。

我被分配到編號十二號，名為「歐卡」的帳篷，那是當地一座火山的名字，高度五千四百零七公尺。從名單上看到同帳的室友還有來自台灣的伊凡和尼克，來自日本的紀明和拓也，美國的厄尼，和英國的羅伯。

第一眼看到羅伯我就對他頗有好感，除了外表帥氣斯文之外，他是第一個抵達帳篷的人，卻一個人安靜地站在帳篷外。

「嗨，你好，我是傑森。」

「嗨，我是羅伯。」

「你為什麼不進去呢？」

「我在等大家到了再一起進去。」

「喔沒關係，我想我們可以先進去。」

進入帳篷後，羅伯問我：「怎麼分配每個人的位置呢？」

「你喜歡哪裡就睡哪裡吧。」我說。

心想真是位彬彬有禮的英國紳士，其它帳篷早到的人早就衝進去找個風水好的位子，這個羅伯也太客氣了。

上｜出發前報到、賽前說明，以及裝備檢錄。
下｜阿塔卡馬站第一晚的營地。

Day 1 9/30

零下十度的沙漠

昨天白天到達營地的興奮跟幸福感，到了半夜被低溫徹底澆滅，實在是太冷了！海拔三千兩百公尺的沙漠，晚上降溫很快，我穿上羽絨衣和風衣整個人縮進睡袋裡，還是冷到睡不著。想起在旅館報到時聽到選手的對話，鄧肯說他曾經在比賽時遇到嚴寒，套著鋁箔的緊急防寒睡袋（Emergency Bivvy Bag）抵抗低溫，那是我們比賽的強制裝備之一。我不曾使用過，也不知道效果如何，但不得不半夜爬起來拿出來試試看再說。結果相當有效！用鋁箔袋把整個睡袋包起來後，冷空氣就不會進入睡袋，睡袋內的溫度上升，總算可以入睡。

晚上沒睡好，加上睡袋外的空氣又太冷，鬧鈴響起後稍稍賴床我才掙扎爬起來，起床之後發現，因為身體散發的水氣遇到冰冷的鋁箔後凝結成水，因此睡袋濕了一大半，鋁箔袋內壁還凝結了很多水珠，想不到人體一個晚上會散發這麼多水分。

帳篷外的露水已經結冰，我帶的小溫度計顯示氣溫竟然是零下十度！所有的人見面時，都是滿臉驚恐地訴說昨晚有多冷多恐怖。

這場比賽的終點在海拔兩千四百公尺的聖佩德羅，所以整場比賽的下降高度會多於上升高度，不過千萬可別高興得太早，不要以為下坡路段多會比較好跑，實際上整段賽道上上下下的，好戲可是在後頭。

八點準時開賽，一開始就是一個大下坡，一路跑進漂亮的彩虹谷內，風景美不勝收。另一位來自台灣的女孩茉莉，以五分多速在山谷間輕巧跑動，令我刮目相看。過了十公里之後的第一個檢查點，賽道轉進一個小峽谷，小峽谷可能在百萬年前是河谷，顯露出各種優雅圓潤的弧線。我們在狹窄的峽谷內繞來繞去，既要跪地爬過一個小洞，又要側身穿過狹縫，過程充滿趣味。

雖然只是第一天，但是因為比賽路線多岩石地形，很容易就扭傷腳，我在十五公里和二十公里處就看到有人受傷在路邊包紮。自己也在出發不到兩公里後，就扭到左腳踝，二十多公里處又再度扭到，還好暫時沒有大礙。

十九公里時又進入另一個小峽谷，在丹霞地貌（有陡崖的陸上紅層地貌）的峽谷內繞來繞去，這種在小峽谷中穿梭的遊戲，真是令人百玩不厭。這時看到上次在蒙古認識的選手，五十六歲來自丹麥的湯米，他自費來參加極地超馬的同時，也為流落街頭的兒童募款，幫助他們得以受教育，至今已募得三萬八千美元。這位大叔跑得很認真，我追了很久才追上他，說要幫他拍照，他一臉認真地回應說要跑步，後來還是擺好姿勢讓我拍照。

到達 CP3 之後遇到韓國猛男三人組，其中愛打扮、喜歡穿花衣的洪碩，今天身體狀況不佳，大多只能步行前進；倒是那位大學生，英文名跟我一樣也叫傑森的二十一歲小胖弟走得很快，這個小子人緣很好，見到誰都笑嘻嘻地打招呼；另一位二十四歲的警察學校學生中信，是個標準高又帥的歐巴，配速穩定，我們四個人在蒙古站的時已經熟識，所以從這裡開始結伴同行。

到達 CP3 後只剩六、七公里就到今天的營地，正覺得心情輕鬆，沒想到後面要爬上一座紅土山丘，而且是連續六公里的上坡。此時氣溫已高達三十六度，紅色土丘彷彿是個燒紅的大火爐，每一步上坡路都不容易，最後這六公里簡直就像地獄，只能緩步攀爬。才第一天就已經走到腰痠背痛，我跟三位韓國猛男都叫苦連天，頓時發現這場比賽的難度遠遠高於蒙古站。這天前進距離三十五公里，完賽時間五小時二十二分。

我攜帶的食物中有一樣是牛肉乾，除了補充營養，也能讓自己在辛苦的比賽過程，有一點享受的感覺。然而智利是農業大國，禁止旅客帶農產品和肉類入境，所以只能入境後再購買這項食物。奇怪的是牛肉乾在智利似乎並不流行，我在首都聖地牙哥逛了很多間大型超市都買不到，後來是在連鎖便利店才買到，試吃之後選擇了一款有獨立小包裝的產品。我的分配方式是一日兩包，比賽中途一包，回到營地後一包當作點心。只是吃到了點心的時候，我不好意思一個人獨享，於是跟幾個室友分食了幾片小小牛肉乾，沒想到大家眼睛發亮、相視而笑，心裡竟感到無比的幸福。

同行的台灣選手茉莉快速衝下峽谷。

上｜充滿趣味的峽谷
是今天的比賽路段。
下｜韓國猛男三口組，
是今天的同行夥伴。

Day 2 10/1

不一樣的生日祝福

雖然前一晚半夜仍然起床加了件羽絨衣再繼續睡，但還好沒有冷到需要再起來蓋急救袋，起床後測溫：帳篷內五度，帳篷外零下一度。因為比賽裝備在昨晚已收拾得差不多，雖然最後一個才起來，一切還是很從容，早晨的賽事簡報前我已經輕鬆喝完咖啡，還在營地拍照、串門子。

因為今天是大女兒的生日，作為爸爸的我心情特別好。營地有一大群年輕的韓國男生聚在一起聊天，我隨口提到你們年紀跟我女兒差不多，今天剛好是她生日。結果七、八個大男生馬上嘻嘻哈哈地起鬨，說要給女兒唱生日快樂歌。於是我特地請他們唱韓語版的歌曲，並且錄影下來準備帶回去給女兒看。她今年將會收到一個來自遙遠沙漠，非常特別的生日祝福。

比賽開跑又是一個長下坡，三公里處跳過一條小溪，一直到五公里處的CP1之前還算好跑。CP1後則是一段非常戲劇化的路線，我們由上往下爬進一段河谷，河谷兩側是高聳壯觀的岩壁，幾十公尺高的峽谷氣勢磅礴，人在其中感覺得非常渺小。進入峽谷時，必須從兩公尺高的岩石下到平地，因為不好攀爬，我選擇直接跳下，沒想到因為之前扭到腳踝，落地時左腳腳踝一陣劇痛，完全無法行走，只好在原地休息幾分鐘後再繼續前進。

小心翼翼地爬下河谷。

河水水量不小，下水後我扶著山壁溯溪前進。這段河谷賽道長達八公里，不斷地左右穿越湍急的聖佩德羅河，或是在岸邊的石頭堆中攀爬。幾乎不下雨的阿塔卡馬怎麼會有河流呢？那是高山上冰雪融化流下來的雪水，因此河水異常冰冷，剛踩進水裡時我忍不住發抖大叫。

因為河水冰冷湍急且深淺不一，前一步水深不及小腿肚，下一步可能就泡到膝蓋。如果不小心可能會跌入水中。雖不致於有生命危險，但是有可能導致整個背包浸濕，要是弄濕睡袋、衣物跟食物這三樣最重要的東西，那可就是場大災難！

由於我沒有帶登山杖，因此每次涉水總是步步為營、膽戰心驚，深怕有所閃失。加上岸邊的地形是高高低低的石頭，不適合跑步，所以只能很緩慢地推進這八公里。冰冷的河水在這個時候竟然發揮了高度的效能，把這兩天扭傷的腳踝徹底冰鎮一番，走過這段河道峽谷過後，受傷的左腳踝就不痛了。

結束峽谷河道路段，十九公里處的CP2之後則是另一個考驗的開始，將近六公里的連續爬坡。其中有幾個陡坡我實在難以招架，只好以手代杖，把手撐在膝蓋上同手同腳爬上山。巨大的紅土山丘完全沒有植被，氣勢雄壯，一眼望去渺無生機，自己真的好像走在火星上。

連續八公里來回穿梭在冰冷的河水中。

猶如火星一般的山丘地形。

突然眼前出現一條隧道，幾百公尺長的隧道不大，只允許兩三人並排走，細長黑暗的隧道與遠方出口的光形成有趣的光影。這時候身體已經很疲憊，懶得翻開背包拿頭燈就走進去，只不過不知道為何中間有塊大石頭沒有移除，害我差點撞到。穿過隧道後好不容易爬上山頂，往左方望去可以看到遠方的一群山丘，這一群山丘看似有幾十平方公里，是一大片的巨大椎形山丘陣，壯觀又帶點夢幻，這時候發現不管是哪一國的跑者，看到這個美景都會講出同樣的語言——哇啊！因為這裡實在是太漂亮了！

接著往前走到下坡處，跳出一片感覺超過四十五度、高度約一百多公尺的陡峭沙坡，又高又陡，由上往下看超級可怕！號碼布九十號的班是來自澳洲的職業橄欖球員，胸肌發達手臂粗壯，上面佈滿性格的刺青，是這幾天每天的跑伴，我讓他先衝下沙坡，好幫他錄影。然後突然看到大會的攝影師就在中途等候，耍帥的時候到了，心裡再怕也要瀟灑地衝下去！於是高舉雙手一路大叫衝下沙丘，一腳踩進沙裡，腳還沒完全陷下，又拔腿邁開下一步，細沙就在腳下飛灑，宛如在沙上飛，一路飛奔幾百公尺到坡下的CP3，好過癮啊！

沙坡側景，飛奔中的鄧肯。

因為這次比賽帶的鞋套只防細石不防沙，衝下沙坡後，鞋內滿滿的沙。在一邊脫鞋倒沙的時候，住在奧地利的菲利普在我旁邊坐下來，互相問候。他是一名大個子。很特別的是，他是我四場極地超馬跑下來所見，唯一多帶一雙跑鞋來比賽的選手，鞋子就外掛在背包下，理由是跑一段距離之後腳變大要換鞋，這樣腳會比較舒服。不過那雙大鞋意味著他每天得多背負不少重量，這麼長距離的比賽，讓腳舒服的確非常重要，只是他的處理方式有點特別。

過了沙坡後的CP3，今天只剩十一點二公里，沿途多是軟沙、軟沙石，或是碎石地形，沒有幾段路適合跑步的，行走其上極其費力。其中一段是一片波浪形的典型沙丘與植物，加上大片及膝的枯草和樹木，背景是遠方終年積雪的火山，更別有一番情調。三十六公里時我終於聽到終點的鼓聲，營地前又出現一個沙坡，這次二話不說衝下沙坡奔向終點，到達第三天營地。這天距離三十六點九公里，上升六百零九公尺，下降八百四十六公尺，我的完賽時間六小時零三分。

儘管英語不是很好，回到營地帳篷休息後，還是會跟各國室友聊幾句。來自美國的厄尼在芝加哥一家大企業擔任律師，是位身材壯碩的黑人，他的聲音低沉洪亮有磁性，開朗的笑聲跟笑容很有感染力。我看到他的裝備嚇了一跳，大尺寸的高筒登山鞋，笨重的大背包跟登山杖，背著這些東西很難跑吧！閒聊之後我才知道，原來他準備全程以走路方式進行，把這場比賽當成一次健行渡假，這樣的渡假方式還真酷。

記得第一晚在我冷到無法入睡的時候，躺在我隔壁的今井紀明連睡墊都沒帶，竟然睡得鼾聲連連，這個日本人身體實在太好了。他是一位非常優秀的三十多歲年輕人，在求學階段發現很多日本中學生，因為家庭經濟的原因無法繼續升學，因此在大學畢業後隨即創立一家非營利機構來幫助這些人，成績斐然，每年幫助數以萬計家庭經濟困難的中學生，以工讀的方式繼續學業，紀明的善行跟行動力讓我肅然起敬。

英國紳士羅伯跑得不錯，第一天排名第十四名。在帳篷聊天時，他說我是今天的第十四名，我嚇了一跳，有這麼快嗎？七月份蒙古站的時候，我在第四天受傷之後只想著能夠完賽就好，不敢妄想名次。這次來智利之前，則是期許自己首先要好好享受比賽，如果可能的話，也盡量取得好成績。雖然連續兩天扭到左腳踝，但依照目前的成績來看，如果好好保持體能狀態，也許這次真的能夠拿到不錯的成績，心中不禁為自己喊了一聲加油！

Day 3 10/2

跑步慶祝生日

昨晚又是寒冷的一晚，帳外氣溫只有零下四度，因為風吹進帳篷，我先是半夜起來穿羽絨衣，後來又起來拿鋁箔急救睡袋蓋在身體上、拿風衣蓋腳才得以安眠。起床後，只見剛冒出地平線的陽光灑向營地遠方的火山，把火山染上一抹紅。

對我來說，今天是別具意義的日子——我的生日。賽事經理麗塔在主持早晨簡報的時候，向大家宣佈這個消息，一百多位跑友跟工作人員則為我唱起生日快樂歌，在五十三歲生日這一天，有幸能夠離開凡俗世間，在這個特別的地方享受跑步的快樂，讓我滿心感恩自己所擁有的一切。

我的生日慶祝活動從早上八點賽事準時開始，起跑以後氣溫迅速升高到攝氏三十五度，今天的賽道地形複雜，原本就很有難度，加上高溫更是難上加難，為今年的生日活動增加不少高潮。

開賽以來，每天的起跑總是令人愉快的下坡。一開始三公里的普通路段，大家的速度都非常好，後來轉進平整的硬泥地，滿佈一欉欉露出地面的植物短莖，使得這段路變得有點危險。因為今天的比賽才剛開始，選手們情緒高漲，戰鬥力旺盛、毫不畏懼，依然一腳高一腳低地跳躍跑動。我不小心被絆倒了一次，還好沒有受傷，站起來拍了拍手繼續前進。

到達九公里處的CP1後，是一段硬土道路，接近我比較擅長的公路跑。因為不知道後面要面對什麼路況，我擔心有很多路段可能沒辦法跑，於是心想有機會跑就多跑點，在這裡追過了不少人。十七公里後到達CP2，今天的第一個挑戰來了，這是極度困難的沙漠農場，土地好像被耕耘機翻過，被翻起的土塊崎嶇不平而且被太陽曬得非常堅硬，落腳很困難，踩在上面，碎裂的泥土咔嗞、咔嗞地響，露出地面的植物短莖堅硬無比，好像一撮撮雜亂的鋼筋插在高低不平的泥地裡，我非常緊張，很怕再度扭傷腳或絆倒受傷。

幾公里後地形大變，換成鬆軟的卵石鹽鹼地，滿地的白鹽，走起來一步一腳印，相當費力！脫離鹽鹼地之後終於鬆了一口氣，到了一大片黃金草原，碩大就是美，藍色的天空下，及膝的黃褐色乾草，在太陽底下閃閃發亮，風一吹就搖曳生姿，伴著我一路到達二十七公里的CP3。

接下來的地形也不輕鬆，先是持續幾公里的鬆石、軟沙地，接下來是連續上坡的片石地形，這裡就是今天一路上從遠方看起來很漂亮的山景。遠看的美景，走上來後卻變成障礙，一片片風化的紅色片狀岩石從地面突起，剛好與前進的方向相反，就像逆向走在一大片巨型刀山上，如果不小心跌倒，可能會嚴重受傷。

此時逐漸感到頭暈與嚴重喘氣，可能因為有點中暑跟低血糖的關係，我趕緊用水把帽子淋溼，再吃塊能量棒。雖然太陽很大但是空氣乾燥，風一吹，濕濕的帽子瞬間讓頭部感覺到冰涼，頭疼與喘氣的問題逐漸減輕。

我慢慢地追上了加拿大牙醫艾許，

「嗨，艾許卡馬，你好嗎？」

「喔，太熱了！」

我們一起跑了一段，這是艾許參加的第二十四場極地超馬，也是他連續十年來阿塔卡馬比賽。我開玩笑問他：「這麼愛跑超馬是不是超馬對牙齒健康有幫助？」他大笑回答：「剛好相反，因為跑步訓練需要吃大量很甜的能量棒，反而對牙齒有害。」兩個人在炎熱的沙漠中相對傻笑一分鐘，我們是不是曬昏了？在一段高溫曝曬的沙丘上，艾許說要停下來休息，我只好暫時跟他分手，繼續前進。

高溫下體力消耗很大，到達三十四公里的CP4不得不停下來休息一下，後面不知道還有什麼狀況。繼續上路後還是連綿不斷的軟沙、鬆石跟上上下下的沙丘。後來總算迎來一個陡下的大沙坡，疲憊的身體得以打起精神，一路大叫衝到坡底，短暫疏解奮戰了一天的疲憊心靈。衝下沙坡後沒多久就傻眼了，轉個彎之後竟然看到一個超級陡的沙丘，沒想到經過艱苦的三十多公里、精疲力盡之後，還要通過這麼難的關卡！此時跟今天的女總一，來自香港的丹尼斯，還有瑞士的丹尼爾在一起。女士優先，我們讓丹尼斯先上，她手腳並用花了幾分鐘才爬上沙丘。我則是雙手、雙腳加上雙膝六點著地，中途還休息了幾次之後才爬上沙丘。當時心裡真的很懷疑，後來的人是不是還有力氣爬上來？

艾許決定休息一會兒，於是我先走一步。

丹尼爾是來自瑞士、四十七歲的心臟科醫師，也是我在阿塔卡馬最好的跑伴，我們不時互相超車、打氣。興趣廣泛的丹尼爾說，他最近在學摩斯密碼，這樣他可以透過簡單又確實的信號，跟方圓三千公里的人溝通。

「你想要跟誰溝通呢？」

「不知道！天曉得我會遇到誰？」

這個回答讓我無語了，還有什麼事情是他不感興趣的呢？

剩下兩公里時遠遠地就看到營地，可是又被賽道標誌旗引導到另一個峽谷上方，我們必須先下到谷底，再爬上峽谷對面的坡頂才能抵達營地。剛剛那個超級陡坡已經整死人了，怎麼又來一個？其實這個峽谷風景很好，可以俯視谷底的小溪與灌木，只是疲累的身體已無心欣賞。

這段峽谷是野驢的活動路徑，看到路上的驢糞，突然覺得自己累得就像頭驢，今天這個生日慶祝活動可真是隆重。最後跟丹尼斯還有丹尼爾三人，一起牽手衝過終點，完成今日距離三十九點八公里，用時六小時二十五分。

營地在峽谷上方的空曠沙漠，狂風大作吹得帳篷啪啪響，進到帳篷時滿地是沙，我已無感，反正一路上爬得已全身都是沙，先躺下來休息一下再說，這天的生日活動真精彩。

Day 4 10/3 冰凍花椰菜

精彩的一天從滿天星斗開始。阿塔卡馬沙漠是世界上最著名的觀星地點之一，前幾天晚上因為太冷不想出帳篷，早上起床又一心想著準備比賽的事，忘了抬頭看天空。今天特別早起上廁所以避開排隊的情況，從容之間抬頭望著繁星瞬間不禁駐足微笑，看到那清楚明亮如水晶般閃耀的銀河，內心充滿寧靜、祥和與感動，久久不能自已。

營地在典型的沙漠區，所以今天從一段硬沙地起跑，再轉進細沙地形，一踩腳就會陷進沙內，抬腳時揚起沙。隨後是細沙地質的上坡路，走起來感覺不止沙很軟，腿也很軟。

還不到CP1，就見到原本排名第八的以色列精英跑者山姆，表情痛苦地半蹲在路邊，上前關心是否需要幫忙，他表示不用，示意我繼續走不用管他。後來回到營地的時候，他的腳踝已被層層繃帶包紮，正準備坐上吉普車，與另一位香港女子好手一起要去醫院治療。參加極地超馬比賽，安全才是完賽的保證，不是速度。

一個上坡後到達一個小山頂，這是一段峽谷的頂部，峽谷不規則地往遠方延伸，彷彿是地面的大裂縫，賽道從峽谷旁經過，由上往下看深邃的峽谷，不禁毛骨悚然。再往前遇到一個建築物遺跡的石堆，這是古印加帝國留下的，令人好奇當時的人們，如何在這荒涼的地方生存，還有這裡曾經發生什麼樣的故事？

接著到了這段賽程唯一會經過的綠洲小鎮，為數不多的居民對這群跑者充滿好奇，一位警察拿著手機對我拍照，索性過去跟他自拍。還有一位阿嬤帶著孫女坐在路邊，好像看到親人一樣跟我打招呼，這幾天在強烈的陽光照射下，我的膚色已經跟本地人差不多了。

上｜帶著孫女的親切阿嬤。
下｜乾燥環境中難得見到的綠洲。

出了小鎮來到CP2，經過一段沙地後就到達惡名昭彰的「冰凍花椰菜區」，這個路段長達四公里。初到時地形看似平淡無奇，一進入後發現暗藏殺機，地面的泥土非常崎嶇不平、堅硬而且銳利，地上的植物莖部突出地面，同樣也是堅硬無比，行走其上非常辛苦，一不小心跌倒的話，必定要受皮肉之痛，比沙漠農場更困難。有的地面形狀長得像珊瑚一樣，一路踩過去，感覺鞋底不斷地被硬土刺、刺、刺，我覺得用「冰凍花椰菜」形容這段賽道還太優雅，應該叫「險惡珊瑚」更為恰當。日本室友若岡拓也是一個精英跑者，每天都以第二名成績完賽，他穿的是傳統的薄底跑鞋，回到營地後，給我看他的鞋底，已經快被刺爛了，還好我是穿厚底越野鞋，可見這段路的兇狠。順帶提起斯文的拓也，除了跑步之外，他的職業是作家，濃濃的文人氣息，總讓我想起同樣愛跑步的村上春樹。

抵達CP3時氣溫已經來到三十五度，沿途我必須不斷為身體散熱降溫，才不致於太喘。幸好我在聖佩德羅時買了一頂布質的圓形寬邊遮陽帽，替代原先準備的運動帽，後方的帽沿另有加長，除了可以有效遮住脖子及臉部，吸水性也很好。我總是每隔半小時到一小時，就把帽子跟袖子澆溼，加速降低頭部跟身體的溫度，不然早就中暑了。

這時來到一處鹽鹼地，泥土表面有大量白色的鹽結晶，因此泥土顯現褐白雙色，讓人有雪地的錯覺。金黃的野草或稀或密點綴其中，跟遠方的雪山和藍天，構成一大片一望無際、美麗的景觀。我以舒服的節奏跑在其中，像隻要返巢休息的動物，感覺我已化成大自然的一部分。美景延續到一座鹽湖，遠方海拔五千九百二十公尺高的利坎卡武爾火山倒映湖面，雖然烈日當下還是不禁停下來欣賞幾分鐘。

到達地勢平坦的CP4補完水後，與工作人員擊掌準備繼續前進，轉身離去時左腳踝竟然突然劇痛！從比賽第一天開始，因地形關係一路上左腳踝每天都有外翻的狀況，這時腳傷總算發作了，想到受傷退賽的以色列好手山姆，很害怕步入他的下場。稍作休息後試著緩步走一段路，等痛感減低後，再加速變慢跑，還好痛感又慢慢地神奇消失，得以繼續按照穩定的配速繼續前進，化險為夷，謝謝沙漠之神的保佑。

幾公里的平淡路線之後又迎來驚奇，這裡有兩個著名的圓形潟湖「Ojos Del Salar」，是觀光客必訪之處。其中有一個水塘甚至開放給觀光客游泳，湖水最深處達到四十五公尺，而且水溫很低，比賽前幾天我才跟太太來過這裡。這次經過，我沒有玩水的雅興，不過後來有兩個熱血跑者真的脫衣直接跳下湖泊，真有勇氣啊！

到達今晚的營地之前，經過美麗的大鹽水湖「Laguna Tebinquiche」，這是一個很適合觀賞落日的景點，可惜營地沒有設置在湖邊。今天前進距離四十七點五公里，完成時間七小時二十一分，賽事一天比一天困難，完賽時間也一天比一天更長。明天是最艱困的長賽，移動距離將近八十公里，是我到目前為止要挑戰的最長單日距離，今天一定要好好休息，準備迎戰明天的魔王賽道。

在帳篷休息時，英國室友羅伯對我的小相機感到好奇，我示範操作跟他來一張自拍。再來說兩件羅伯的紳士風範：白天的沙漠溫度達三十五度，帳篷內很熱，因此大家在帳篷內都打赤膊，我這瘦皮猴跟大部份人一樣，在帳篷外照樣打赤膊趴趴走，羅伯則是必定穿好衣服才出門。另外，每天早上大家收好裝備出門比賽，羅伯總是最後一個離開帳篷，因為要檢查帳篷內有沒有留下垃圾。聊著聊著他突然看了我很久，然後說：傑森，你的頭髮有點亂。我楞了一下，哈哈大笑後趕緊整理頭髮。羅伯擁有一家小型的工程公司，專做住宅營造，他建造的房子品質一定很好。

傍晚在營地休息聊天時，一位瑞士老兄坐在隔壁，他的手臂跟腿上有多處擦傷，應該是在「冰凍花椰菜區」跌倒造成的。有位選手問候他的傷勢，他笑著揮揮手說沒什麼關係，他會照顧好傷勢，倒是這些傷，讓他看起來更像是一位戰士。我不禁揚起眉毛看著他，比起大拇指，「好樣的！」

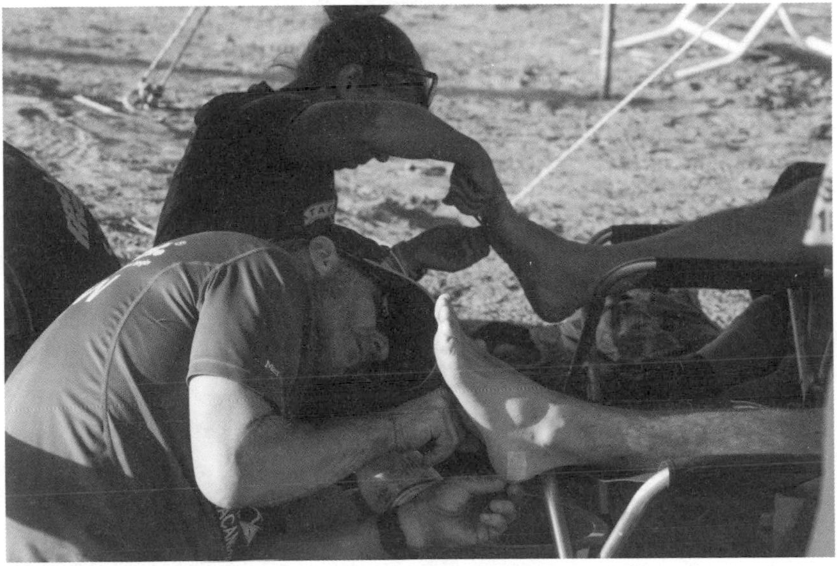

營地醫療團隊為選手治療腳傷。

149　選手們在潟湖跳水。

Day 5
10/4
奇山異水，魔王賽道

迎來一個溫暖的早晨，氣溫攝氏五度。經過幾天比賽，已經消耗掉不少食物和物資，再加上收拾動作已經非常熟練，所以很快就做好賽前準備。今天是距離七十九公里的長賽日，生平第一次單日要跑這麼遠的距離，在這地形複雜、溫度差異巨大的阿塔卡馬沙漠，應該很艱難。不過我有信心完賽，相信只要延續這幾天的跑步節奏，適當補充電解質、鹽分跟熱量，注意身體降溫這幾件事就沒問題，看見其他選手們也都摩拳擦掌做好準備，營地散發著戰士要出征的氣氛。

本來以為今天出發後能夠再跑到昨天到達營地之前，那個由白色及各種藍色構成的美麗鹽水湖「Laguna Tebinquiche」，沒想到卻是向著反方向，往一片鹽鹼地跑去，可惜沒機會再看一眼那迷人的湖水。

隨後到了一處漂亮的鹽水沼澤區，我們跑進沼澤區內，還好水不深，而且水下的地面還算結實，不是爛泥。沼澤區內密布枯黃的野草，黃色的草間和清澈的水裡都是白色的鹽，配上藍天白雲，使得整片沼澤像是一幅顏色斑斕的油畫。只是在欣賞風景的同時，必須不斷地尋找下一個落腳點，以避免整隻鞋踩進鹽水裡。

地上滿是雪花般的鹽粒。

之後是連續十公里乾燥崎嶇的鹽鹼地到CP1，中途又遇見到成片閃閃發亮的金黃色野草，這是百看不膩的景色。

前幾天的賽道，幾乎已全部經歷這場比賽所有的地形跟景色，今天就是意志力跟體力的考驗。崎嶇的鹽鹼地、硬土路、軟沙地、丘陵繼續輪番上陣。一路上跟澳洲猛男班、韓國的小帥哥勇羅，還有獲得這次女子冠軍、來自南非的萊拉，幾個人互相拉鋸前進了幾十公里。

行進間驀然發現天空一片彩虹，在無雨的沙漠竟然看到彩虹，覺得真是奇蹟！然後一轉念，覺得自已能夠在這裡比賽，對五年前的我來說不也是一場奇蹟？當年還是每年會閃到腰的階段，未曾想像自己能跑完一場馬拉松，而今卻背著裝備、奔馳在兩百五十公里的沙漠賽事中，且已完成了大半行程，今天更是要挑戰生平最長、將近八十公里的距離，而這場奇蹟是靠自己一步一步流汗創造出來的。

「加油，阿信！你不只讓奇蹟發生，還要漂亮地完成，繼續往前！」

我對著自己喊話。

快到CP4之前，有一個巨塔般的陡峭沙丘擋在前面，看了令人非常傻眼！三十七度的高溫下，每爬幾步就強烈感覺心率急速飆升氣喘如牛，必須停下來等氣息平緩之後才能再繼續爬幾步，如此爬爬停停花了十幾分鐘才上去。登上沙丘回頭望去是一片由白色、紅色沙土構成的荒涼沙漠，地形高低錯落一望無際，後面的跑者看起來像螞蟻一樣，風景絕美。

短暫休息欣賞完風景後繼續往前，經過一段危險的陡下坡，下坡段的前半部是一塊特殊的地形，表面上像被火山熔岩流過的石頭，形狀不規則且陡峭，下坡時必須很小心，避免滑落坡底。然後來到一處沙坡，一路快意地衝到坡底的 CP4，完成四十公里，只剩一半路程了！

進入 CP4 的時候，工作人員的表情怪異，沒有立刻為我補水，反而一直叫我向前走，我一臉狐疑地持續前進後，他突然背後拿出一罐可樂！哈哈哈！太過癮了，好可愛的橋段。在高溫的沙漠跑了幾個小時之後，突然有瓶可樂出現在眼前，我簡直開心死了，雖然是罐不冰的可樂，我還是接過來一飲而盡，隨之還以一個大飽嗝。

工作人員俏皮地回答：「沒關係，今天有一個打嗝比賽，最大聲的人可以再贏一罐可樂，哈哈哈……」

正當我嘻嘻哈哈地要離開的時候，跟在昨天的 CP4 一樣，左腳踝又突然痛了起來，我重複昨天的過程，經過一段緩走、快走、小跑之後，居然又神奇地可以正常跑步。再度感謝沙漠之神保佑，這個經歷實在是嚇死人了。

位於四十八點七公里處的 CP5 多了三個帳篷，提供給選手們休息，也可以過夜。此時大約是下午三點二十分，我的目標是希望能夠在晚上八點天黑以前回到營地，雖然有點疲倦但並不需要躺在帳篷休息，只是在跑了七個多小時之後停下來吃頓飯，仍然很有必要。我泡了一碗乾燥飯，看著遠方的風景，享受著家鄉口味的番茄牛肉飯，這個感覺實在是太讚了啊！已經在帳篷休息完的瑞士醫師丹尼爾跟克里斯多夫兩人先走，過了一會兒，班、西玄、萊拉、勇羅陸續進站，哇！一下子那麼多人追上來，我是不是休息太久、太享受啦？這下咖啡不喝了，趕快上路。

一路小跑到達五十五點四公里的CP6，進入一段公路後再轉進硬土路。這時刮起大風，不，不是大風，是超級大逆風，幾乎跑不動。有時候兇猛的陣風吹來，人還會搖晃兩下，雖然已經盡量低頭前進繫上帽繩，有幾次帽子還是差點被吹走。

一路奔跑，終於在CP7之前追上丹尼爾兩人，CP7在月亮谷登山入口處。彎腰鑽過管制的閘門，開始上山，路的右邊是一大片曲線蜿蜒、高低綿延的沙丘。在夕陽的光照下，晚風吹起沙塵，形成沙丘上流動的光影，顯得夢幻迷離。跑上山頂之後，到達聖佩德羅最著名的景點──聖母瑪利亞，猶如野柳的女王頭，那是三尊風化後宛如人像的石頭。有幾群遊客在那裡照相，大概是他們的導遊向遊客介紹我們正在比賽，遊客們看到我之後好像看到英雄，熱情邀請合照，因此在月亮谷花了不少時間拍照，他們坐車離去時還一路比讚加油，我的精神也跟著振奮起來！

即將離開月亮谷的時候，高挑身材、非常健美、身上毫無贅肉的瑞士二十九歲的大帥哥馬可，拿著一根斷掉的登山杖追上來，看到他拿著斷杖奔跑，覺得有點好笑，我一邊陪跑一邊攝影，馬可對著鏡頭拿著斷杖邊跑邊大吼：「我在殺我自己！我喜歡這樣跑，耶～耶～耶～」實在太熱血，太刺激了！

大吼之後，馬可說喜歡這種衝刺的感覺，邀請我一起衝！猶豫了一下，今天已經前進超過七公里了，身體其實相當疲勞，但這時剛好下坡，大叔還是忍不住被小伙子的熱情感染，兩個人就同時大吼大叫以六分半的速度衝了兩公里。後來法國人史丹也追上來了，他更猛，一上來就直接刷過我們兩個，趕快趁機跟馬可說再見，你跟史丹走吧，大叔不行了，待會兒見。此時前方的夕陽照在遠方的火山，一朵扁平狀的雲像太空梭一樣停在火山口，邊走邊喘息，正好欣賞這難得的夕陽美景。

我和馬可一路大叫，狂奔兩公里。

從月亮谷下來後，到達今天最後一個檢查點CP8，此時離營地只剩五點四公里。工作人員見面就問我狀況如何，我故作輕鬆地回答，不錯啊，到目前都很好，實際上已經累壞了。大概因為跟馬可狠狠地衝刺兩公里，把體力完全榨乾了。這時的賽道很平坦，可是再也跑不起來，不僅越走越慢，而且慢到連走都不想走，要不是風太大而且完全沒有遮風的地點可休息，要不然早就坐下來了，剩下的五公里覺得好遙遠啊。

沙漠降溫很快，傍晚開始起風，不過短短幾公里我停下來兩次，先是倒出背包尋找頭燈，再來是穿戴羽絨衣、手套、毛帽和風衣，難以想像白天的時候還覺得自己快中暑，現在則是要把所有保暖衣服全穿上。就在慢步前進之中，陸續被丹尼爾、萊拉等六個人超過，但我已經覺得麻木，無所謂幾點回到營地，只是低頭看著地面，有氣無力地拖著腳步慢慢走，想像回去以後舒服躺在睡袋裡的樣子。

終於，我在黑夜中看到遠處營地朦朧的燈光，然後慢慢地開始聽到歡迎跑者的鼓聲，當踏過今天的終點線時，因為最後的那幾公里實在累壞了，當創辦人瑪麗擁抱我的時候，我竟然不禁泛著淚水緊緊地抱住她。

太棒了！我完成了長賽日七十九點一公里艱難的挑戰！營地位在月亮谷下方的卡利峽谷，回到營地時間是晚上八點十七分，完賽時間：十二小時十七分鐘，是今天第十九位抵達終點的跑者。

回來之後什麼都不想做，只想趕快坐下來休息，草草用餐盥洗後就躺平，只是睡覺時感覺到操勞形成的膝蓋酸痛，在半夢半醒之間不自主地發出了「哎喲喂啊」的叫聲，把自己給笑醒了。

Day 6
10/5
把靈魂留在阿塔卡馬

昨天的長賽中，最後回到營地的，是一位腳受傷的韓國人，他回到營地的時間是今天早上八點五十六分，耗時將近二十五個小時。他整個腳底都是水泡，最後幾公里的移動非常緩慢，一小時才前進兩公里。不難想像他的腳一定非常疼痛，一步一煎熬，真是不容易啊！

今天是休息日，大家心情不錯，韓國隊精力充沛的猛男洪碩，拿起當地工作人員的斧頭，玩起劈柴遊戲，不過他今天不是穿花衣，是穿著小花圍裙。下午時一群工作人員扛著紙箱，魚貫走進營地，正好奇發生什麼事，他們就從紙箱拿出硬麵包跟蘋果。跑者就像一群餓了很久的狼群一擁而上，拿到麵包跟蘋果的瞬間眼神發亮開懷大笑，有的人一副感動得要死的樣子，眼角泛著淚光。

原來幸福可以這麼簡單，在連續吃了六天的脫水食物之後，擁有一塊白麵包跟一顆蘋果，就讓我們感到無比快樂，人只有在失去的時候，才知道擁有的幸福。回想過去五天的比賽，自己跑了將近兩百四十公里，明天就要離開阿塔卡馬沙漠，心裡非常的不捨，我已經深深愛上這個地方，於是告訴旁邊的夥伴，到了明天比賽就會結束，但是我的靈魂還會留在阿塔卡馬。

傍晚營地氣氛變得不一樣，這幾天幫大家燒水服務的幾位當地工作人員，搖身一變成為人氣樂團。平日跟我們生命緊密相連的礦泉水，在他們的拍打下，空的礦泉水桶發出節奏輕快的鼓聲。長頭髮的阿瘦彈著吉他，是位深情歌手。戴著草帽與格子襯衫的胖胖，一邊彈琴一邊搖著圓臀。大家圍著爐火，享受他們提供的精神饗宴。

不止演唱，他們主持與帶動氣氛的功力也很棒，頗有職業架勢，這裡真是臥虎藏龍。歡樂的氣氛讓我想到，自己一直無緣參與這幾年台灣非常流行的露營活動，然而在這裡的一整個禮拜，卻和最棒的一群人，一起享受了這個世界一流的營地，每天都能望見最美的星空，完成一段段充滿挑戰，卻極度壯觀的旅程，這是再棒不過的經驗了。

天完全黑了以後，進入帳篷收拾行李準備休息。但是大家餘興未盡，一些興致盎然的志工與選手們，仍圍著爐火繼續輪番彈唱，歌聲笑語不斷。我躺在睡袋裡，在帳篷內靜靜地聽著，享受在阿塔卡馬沙漠的最後一晚。大夥輪番彈唱之後，最後出現一對和音天使，兩位女士顯然地經過長期練習，沒有樂器，兩人卻唱出一首又一首，輕柔優美的和聲，在這片寂靜的大地，宛如像天籟之音傳進帳篷，我在睡袋裡聽著聽著，輕輕地走進夢鄉。

阿塔卡馬沙漠的最後一晚，就在選手輪番彈唱中度過。

Day 7
10/6
全力衝刺，告別沙漠

比賽的最後一天，恰好是小女兒的生日，在七天的賽事裡接連遇到三位家族成員的生日，對我來說這是有生以來最有意義的生日週。在營地輕鬆又帶點依依不捨的氣氛中，大家合影留念，要為這段史詩般的賽程，留下永恆的回憶。今天的距離只有十二點九公里，最後一天了，我決定全力衝刺，表現出對阿塔卡馬沙漠的熱愛，用這種激情的方式跟它告別。

踩下油門，用六分速從營地一路跑向終點，快到鎮上時再次回頭，對著沙漠揮手說再見。鎮上的居民熱情歡呼，還包括我提早幾天到聖佩德羅時，所住旅館的櫃檯小姐，她特地出來跟我揮手加油。

終點線在聖佩德羅著名景點「白色教堂」旁的廣場，這座十九世紀由泥土建造的小教堂，今天剛好在舉行慶典，有一隊很特別的遊行隊伍，穿著鮮豔美麗的道具服裝，戴著恐怖的面具，沿途演奏樂器跟舞蹈。另外還有一隻胸前掛著皮包，穿著猩猩裝的人偶在前方領路，整個隊伍頗有台灣廟會的感覺。

廣場邊有一個樂團在歡迎我們，當然還有點心跟啤酒，這可是七天以來大家朝思暮想的東西。抵達終點的選手不斷互相擊掌、擁抱，舉杯慶祝，我們共同生活了七天六夜，經歷過兩百五十公里沙漠考驗，一起流汗、一起痛苦、一起笑過，共同擁有這段唯有親身經歷，才能真正體會到的酸甜苦辣。

終點線前，十二號帳篷的七位勇士全員到齊一起合照，可惜有兩位室友中途受傷退賽，但不管有沒有完賽，來參賽就是敢於挑戰生命的勇者。來自南法、六十六歲的伊夫，跟我成了好朋友，雖然言語不通，但是我們每天互相問候，伊夫是退休的律師，體能跟速度都非常好，賽後他真誠地邀請我去找法國找他玩，真希望有機會成行。

本次比賽一共一百零六人出發，十三人退賽，九十三人完賽，我的比賽時間合計三十八小時四十七分，排名第十三名。以老大哥伊夫為目標，期待六十歲後還能重返阿塔卡馬沙漠比賽，再次衝下三十樓高的沙坡，欣賞那火山落日與閃亮的銀河。

阿塔卡馬站完賽！

七、

2018.11.26 –
2018.11.30

第三站——南極洲

沒有距離的比賽

我的左腳踝有經常性扭傷，在阿塔卡馬比賽途中也曾經遭遇兩次受傷，所幸經過短暫休息後，仍能緩慢奔跑順利完賽。賽後五天回到家，在一次輕鬆的恢復跑之後，腳踝卻突然整個紅腫疼痛，連行走都很困難，真不可思議。謝謝沙漠之神的保佑，讓我的腳傷在完賽返抵家門之後才爆發。

這時距離十一月底的南極站比賽，只剩一個月的時間而已，身體不知是否能夠恢復最佳狀況，但是可以確定的是，我仍將全力以赴，挑戰自己的極限。

南極站賽事因為天候與地理的關係，賽制有別於其它沙漠賽。比賽期間選手們住在船上，早晚餐都是食用船上提供的自助餐，因此不用背著七天的食物，只需準備比賽當天所需的能量補給即可。而在成績的計算上，沙漠賽採固定距離，以完成時間最短者優勝；南極賽則是採固定時間，完成距離長者優勝。如果超過一人完成兩百五十公里，則以完成兩百五十公里所用時間來判定，時間最少者優勝。

南極的天氣變化多端，賽事行程是在前一天晚上用餐時，才宣布隔天要登陸的島嶼以及比賽開始時間。因為採用特殊賽制，對想要取得好成績的人來說，南極站又多了一項挑戰，由於不能預知每天要跑的時間跟距離，所以無法做理想的體力分配，只能力求當下的表現。那對於想輕鬆跑的人呢？沒有問題，比賽沒有規定最低完成距離，只要中途休息時間不要太久，比賽時或跑或走都算完賽。

在智利站的比賽中，我得到很滿意的成果，欣賞了美景、交到了朋友，同時獲得自己心中理想的成績，很享受整場比賽。到了南極站賽，我給了自己同樣的期許，並且希望能完成兩百五十公里的距離。

旅行總有意外

對於住在北半球的我來說，南極實在好遠好遠！比賽集合地點在世界最南端的城市——阿根廷的烏斯懷亞，光是要飛到這裡就要三十幾個小時，這次旅程中，我還經歷了一個小插曲。

當時的我已經在美國待了一段時間，準備從洛杉磯出發，轉機飛到阿根廷首都布宜諾斯艾利斯，再前往烏斯懷亞。我透過網路訂好機票，收到機票確認的回函後，馬上在航空公司網站選好座位，一切看似完美無瑕。可是出發當天我到機場櫃台領登機證時，櫃檯居然找不到我的名字！即便出示了訂位確認函仍然沒用，因為乘客名單上沒有名字就是不能上飛機，而且班機已經客滿，沒有辦法當場買票。

這種狀況發生機率應該極少，結果還是被我碰上，換成中樂透不知有多開心啊！幸好有安排寬裕的時間提早出發，因此回家重新買票，隔天一大早再去機場。第二天一路上戰戰兢兢，深怕其中哪一段行程又有問題，一直到最後一段航程的登機證到手後，才真正放下心來。

在布宜諾斯艾利斯機場候機時，開始陸續碰到戰友，先是法國的克里斯多夫，他是一個四十七歲跆拳道高手，在阿塔卡馬站拿到第三名，和另一個好手巴特在一起。在機場餐廳準備用餐時，另一位選手打扮的人進來，他是來自韓國的早產兒名醫杰羅，雖然已經五十九歲，但是心態非常年輕，喜歡探險與攝影，他給我看了自己參加許多探險活動的照片，我們一見如故，一起喝了兩杯啤酒。下飛機後又遇到了更多參賽選手，有韓國花衣男洪碩，還有同樣來自台灣跟我的英文名一樣的傑森黃與吉姆。

令人瞠目結舌的選手

十一月二十三號是選手集合上船出發南極日子，程序是托運行李後再去飯店報到，進行會前簡報和裝備檢查。在烏斯懷亞的碼頭準備托運行李時，有輛計程車開到我們身邊停住，車上走下來一位盲人，他竟然也是參賽的選手！我當時完全被震住，連身體健全的正常人都感到害怕的南極，竟然有盲人選手獨自一人前來參賽！上個月剛剛完成的阿塔卡馬沙漠，是我覺得非常困難的賽事，這位四十七歲的巴西盲人選手桑多士竟然也已完成了。更令人驚訝的是桑多士的熱情與開朗，得知我們都是選手後，他立刻用燦爛的笑容還有森巴舞蹈跟大家打招呼。那一刻我內心激動萬分，他看不到世界，卻散發出耀眼的光芒。

在飯店報到時，我再度感到震驚，出現在我眼前的，是來自香港的馮錦雄和他的太太莊冰英，以及律師翟文禮三人所組成的「五腿永不放棄」隊。其中，馮哥已高齡六十六歲，且左腿膝蓋以下截肢，而南極則是他們的第三場極地賽。鬆軟且深淺不一的雪地，對他而言必定是很大的挑戰，但是他開朗的笑聲和堅毅眼神，說明了內心的強大，他表現出完全不在乎會遇到什麼困難，一定會完賽的氣勢，這實在太令人佩服了！

又愛又怕的聖地

下午四點終於要上船出發，早就聽聞這趟旅途將會遭遇可怕的風浪，我的心情既興奮又緊張。從小我就是極易暈車暈船的人，小時候經過公車站，一聞到柴油味就想吐，甚至連坐電梯都會頭暈。除了火車之外，搭乘其它所有交通工具，每次都吐得很慘，成年後乘坐小三通金門往返廈門的船隻，也有好幾次暈船嘔吐的經驗，一直到近十幾年來情況才改善，但是坐飛機仍經常會有頭暈跟噁心的症狀。從烏斯懷亞坐船到南極會經過惡名昭彰的德瑞克海峽，險峻的風浪和數日航行，不知道我在這趟搖晃之旅的下場會是如何？到了目的地後還跑得起來嗎？南極，真是讓我既期待又怕受傷害！

一上船，我就被船上舉目可見的嘔吐袋給嚇到，走道的扶手上、房間、餐廳、休閒廳，到處都可以看到嘔吐袋，這說明旅客們有多需要它，於是我的胃也忍不住翻攪起來。聽取前輩的經驗，上船前我就先在耳後貼上長效暈船藥，另外吃了一半劑量的口服暈船藥，等於使用一點五倍的藥量，但內心還是忍不住惶恐了起來。

背景中的「寬敞號」將要載著工作人員與選手前往南極站比賽地點。

這艘「寬敞號」原來是一九七六年時荷蘭海軍的科學考察船，除役後被郵輪公司買下改裝成小型遊輪，總共可搭載一一六位旅客。這次的旅客除了跑者和大會人員之外，還有幾位跑者的親友同行，另外有一個十幾人的小旅行團和少數散客。

開航後要航行一千公里，兩天多的時間才會到達第一個目的地，途中會經過驚濤駭浪的德雷克海峽。德雷克海峽一整年的海象都非常惡劣，並以多風暴出名，是世界最危險的航道之一。聽說以前的比賽曾經遭遇好幾公尺高的巨浪，這讓我不禁臉色發白，剉咧等……

登船後的第一件事是聽取設備說明、緊急狀況應變方式，以及登陸南極的注意事項。為了確保我們不會污染南極淨土，要先把帶往南極比賽使用的背包拿出來，用吸塵器把灰塵吸乾淨，再來是用消毒水將跑鞋洗刷乾淨，以免帶著細菌踩上南極，此後每天上下船要各清洗一次鞋底。

最後則是登上南極之後的注意事項：當然不能隨地上廁所；不能在指定地點之外吃東西，以免食物殘渣掉落；不能帶衛生紙在身上，以防衛生紙掉落被風吹走。那流鼻涕怎麼辦？沒關係，有袖子可以用；不能離動物太近，如果有企鵝從前面走過，要停下來等企鵝通過才能前進。南極大陸面積是台灣的四百倍，除了動物之外沒有永久居民，動物才是這裡的主人。

下午從烏斯懷亞出發後，先經過比格爾海峽，海上風平浪靜令人心情愉快。航行途中，海上不時有信天翁在船的周圍飛翔，偶爾碰到整群的鯨魚，可惜離船隻有點遠，我們只能看到鯨魚的背部和它們此起彼落噴出的水氣。船上的資深經理介紹，第一次遇到的是座頭鯨，第二次則是長鬚鯨。

德雷克海峽果然名不虛傳，航行到這裡以後，整艘船開始上下左右搖擺，桌上的物品被摔得滿地都是，選手們晚上沒有一個睡得好覺。我很好奇床上為什麼不設計安全帶的裝置，因為船體不斷搖擺傾斜，睡覺時一整晚在床上翻來滾去，有時必須用雙手抓住或是用雙腳頂住床邊來穩住身體，可是睡著之後又會再度被搖醒。

用餐的時候，情況則變得更加有趣，我經常會看著窗外的海水，從窗戶下方升起，直到高度超過窗子然後下降，再從另一邊的窗戶升起，佔據整個窗子的視線。海水就這樣在兩邊輪流升降，大家邊用餐邊欣賞著波浪，偶爾一個大浪襲來，船身劇烈搖晃，引起眾人驚呼。

有一次我一手拿著食物準備大咬一口的時候，一個大浪打來讓船身突然傾斜，室友威廉的蘋果滾落桌面，我直覺地伸出另一隻手接住它，所以沒有手可以抓住桌子，結果隨著傾斜的船身，我一手拿著三明治一手拿著蘋果，整個人坐在椅子上滑行了五公尺，直到碰到牆壁才停住，引起全餐廳一陣大笑。感謝暈船藥的發明，真的很有用，讓我在這麼搖晃的情況下，除了有點嗜睡之外，竟然沒有任何不適，可以心情愉快地享受美食，以及欣賞窗外的潮起潮落。

經過兩天多的航行，二十五號晚餐時創辦人瑪麗宣布，隔日早上五點用早餐，五點四十五分乘坐橡皮艇登陸，人員到齊後十分鐘就開始比賽。為減少後續幾天可能無法比賽的影響，第一天就要進行長達十二小時的比賽。沒有錯！第一天就要連續跑十二小時。這個賽程也太狠了，第一天就操爆的話，後面還跑得動嗎？

Day 1 11/26 最接近死亡的體驗

因為水深的關係，遊輪必須停泊在外海，登陸時換乘小型橡皮艇。選手下船前，要先把牆壁上自己的房號名牌翻成紅色，代表人已下船；回來後再把名牌翻回綠色，代表人已回來。第一天南極大神就用鵝絨般的大雪迎接我們，寒風冷颼颼，穿上厚大衣、厚羽絨褲、長筒雨鞋登上橡皮艇。零下五度的低溫，加上開船時濺起的海水和大風，在開往陸地的十五分鐘船程中，我冷到不行，一路牙齒打顫、全身發抖，只能低頭緊縮著身體。

大雪紛飛中準備登陸。

第一天的比賽地點是喬治國王島，有九個國家在這裡設立十三個科考站。登陸地點位於俄羅斯科考站前，起跑後先往烏拉圭科考站方向跑三公里之後折返，來回六公里；再往相反方向的中國科考站方向跑四公里折返，來回八公里，如此重複繞圈，直到大會宣布停止。登陸後，沒有時間沉澱興奮的心情，只能匆匆換上比賽服裝，在瑪麗的倒數聲中展開比賽。

從下遊輪坐上登陸艇，到上岸換衣服，背上裝備開始比賽，整路上都是大雪紛飛的氣候，而且沒有一刻可以喘息。大家還沒有做好心理準備，比賽就開始了，感覺我們不是來參加馬拉松賽，更像是電影裡的特種部隊在出任務，我甚至幻想著巨石強森隨時會拿著槍衝出來。

大會在起跑點鋪了一大塊橘色帆布，集中放置大家的食物和物資，選手只能在這個地方飲食，並且用塑膠盒盛裝，避免食物殘渣掉落。雖然是在陸地上跑步，但可能是坐太久船的關係，我經常覺得地面在搖動，好像還待在船上，甚至有時身體會不自覺地晃兩下才能平衡，有著頭暈跟頭重腳輕的感覺。

因為有科考站設置的關係，所以這座島有人工平整過的道路。部份比賽路線會經過人工道路，大部份則是未經過人為修整的野地。選手們個個裝備齊全，戴著帽子、雪鏡或太陽眼鏡、頭巾、羽絨衣、風衣、風褲、越野跑鞋、防水鞋套、登山杖等，單單從外表很難辨認出身分。因此，選手另外穿著印有名字跟號碼的背心。為了在照片跟影片中比較容易被辨識出來，雖然有點害羞，我還是靦腆地戴上一頂顏色鮮豔，造型可愛的黃色小鴨帽。

風雪中開賽起跑！

整個島幾乎完全被白雪覆蓋，往烏拉圭科考站方向時，要先翻過一片丘陵，大部份的雪地很鬆軟，每走一步，腳都會陷入雪裡，少則一、兩公分，多則三、五十公分。因為積雪下方的地勢不平，大多時候踩下之後腳還會位移，使得雙腿必須額外做平衡的動作，比平常的跑步費勁許多。有時候因為前方的腳印很淺，於是放心地往旁邊一踩，結果卻踩空下陷，於是一個踉蹌摔倒。最糗的事莫過於，當你想超車前面的跑者，從他旁邊加速通過時，卻一腳深深踩進雪裡跌倒在他旁邊。

南美洲人真的好熱情，烏拉圭科考站整天為我們播放超大聲的動感加油音樂，跑到這裡的時候讓人精神為之一振。他們在科考站外面豎了一個彩色路標，寫著到全世界各大城市的距離，是大家喜歡的拍照打卡點。如果有機會再來的話，我會帶上一塊寫著「Taipei—15,880Km」的牌子。

因為沒有實地使用過，我的防寒面罩太小、太薄，用起來不太舒服，太陽眼鏡也有起霧的問題，除此之外，完成第一圈的烏拉圭科考站折返跑之後，身體狀況還算不錯，我的心情依舊非常興奮，就往另一方向的中國科考站跑去。這個方向靠近海邊，地勢平坦的道路比較多，但是積水的地方也多，縱使穿著防水材質的越野跑鞋，我還是深怕一不小心就鞋襪全濕。不過後來發現就算沒踩到水，在雪地跑久了，每天的襪子都會是濕的。

在中國科考站前兩公里處，我發現路邊有塊大石頭刻著「好漢」兩個字，更靠近科考站的地方還有一個

上｜在鬆軟的雪地中，選手們踩著前人的腳步前進。
下｜巴拉圭科考站旁的世界城市路標。

石頭，上面刻著「佛」字，當我還在想著兩塊石碑的含義時，遇到了賽事經理紫娜，於是停下來跟她合影再繼續跑。

在沒有邊際雪白的大地上，主辦單位在地上放置了裝滿雪的粉紅色袋子，作為賽道標示。道路旁有時還會看到當地科考站豎立的橘色長桿，大約露出地面兩百五十公分高，用以標示道路位置，指示車輛和行人從長桿中間經過是安全的。但……事情總有例外，這個例外給了我一段永生難忘的南極驚魂記，「好漢」差點就去見了「佛」，原來先前路上見到的那兩塊石頭對我而言暗藏玄機，事後我恍然大悟。

當我接近中國科考站的折返點時，賽道是在一條人工道路上，其中有一個地方積水嚴重，積水處兩旁各自豎立著兩根長桿，於是我謹慎地選擇了通過左邊積水較少的地方，看準落腳點之後跨出左腳往一片雪地踩下，然後重心往前移動，結果雪地竟然崩塌了，整個人瞬間往下墜！我本能地抓住地面，但是人已泡在冰水裡，頭上腳下水深及胸，唉！這不是道路嗎？路上還有輪胎的壓痕呢，怎麼會這樣？我馬上用兩手撐住地面，自己爬出來。驚嚇之餘，我不斷回頭看著剛剛掉下去的地方，不敢相信發生在自己身上的事。

脫離水坑後，冰水不斷從身上滴下來，鞋子跟手套裡面積滿水，好冷！啊！這樣不行啊，太危險了！後面的跑者很可能還會掉下去，我驚魂未定，正準備去告知站前方折返點的工作人員時，後面來自澳洲的女生賈桂琳也到了。我趕快警告她小心，說我剛剛跌進水裡了，她回答說好，但是她可能誤會我只是在積水處滑倒，喔不，不能說誤會，誰會想到這裡有一個水坑呢？來不及阻止，她已經掉進同樣的位置。

更慘的是，因為她是女生，力氣不夠無法自行脫困，爬上來一半又掉下去，重複兩次之後，我只好回頭去幫忙她。看著地上大片的積水，我在旁邊猶豫了三十秒才靠近，擔心自己貿然走過去拉她，也許會讓地上的冰越破越大洞。此時已經顧不得寒冷，只能整個人趴在地上，匍匐前進爬到積水區，叫她伸出登山杖，我拉住登山杖開始後退。幸虧來自台灣的吉姆還有另一位選手剛好到達，三人一起拉起賈桂琳才解除了危機。

這時大會經理紫娜剛好也到了這裡，我告訴她這樣太危險！萬一再有人掉下去，後果不堪設想，必須把折返點往前移才行！於是她用無線電通報後立即縮短路線，將折返點往前挪了五百公尺，後來就再也沒有人掉進這個可怕的水坑。

我心有不甘，全身濕嗒嗒地跑到原定的折返點拍照後才往回跑。落水後的賈桂琳跟我，就這樣穿著濕透的衣服繼續比賽，用人體烘乾機慢慢把衣服烤乾。

進水的手套擰乾後必須繼續戴上，因為如果不戴手套，不用幾秒手就會凍僵。戴上手套手不會吹到冷空氣，而手套內的水份會被手加溫，因此濕濕的手套仍然比外面溫暖許多。只不過因為手套進水後，裡面的纖維膨脹，手指不容易全部伸進去，所以手掌根部會露出一截而有點凍，我只好沿路不斷地拉扯手套。這時候南極賽事才開跑不到兩小時，已經遭遇第一場震撼教育。後面不會有更慘的事吧？我餘悸猶存，一邊哆嗦一邊繼續跑。

回到起跑點之後感覺需要趕快補充熱量，本來鬆軟的巧克力堅果棒，此時已經凍成硬塊，只能慢慢咬。身上的衣物還是濕的，我瑟縮地坐在地上用力咬著堅硬的食物，看著雪花不斷飄落，頭上的小鴨帽還有放在地上的裝備跟食物盒上滿是積雪，不知怎麼回事，此時不但不覺得辛苦，竟然反而有一種豪邁感。

第一天的賽事除了掉入水坑的驚魂記與不斷跌倒之外，另外還有幾個令人印象深刻的經歷。跑步過程經歷了規模大小不一的降雪，還有雨加雪的衝擊，雖然戴了一層薄面罩，但強風把雨水打在臉上依然讓人感覺刺痛；在雪地跑步時經常必須把腳抬高，好像跳著輪胎跑；因為雪會滑動，為了平衡身體而拉扯各個部位的肌肉，用到了很多從來沒用過的身體部位；一樣是雪，奔跑在雪上發出的聲音卻有不同，有悉悉索索、依依歪歪、戳戳戳戳，總之蠻吵的；遠方的冰山不時發出劈裡啪啦的斷裂聲，或倒下或掉進海裡的轟轟聲；在風雪中跑跑走走幾個小時之後，感覺兩條腿已經變成兩隻移動的冰棒。

還好因為天氣的關係，為了保證選手能夠安全回到船上，不到十小時就提早結束今天的比賽。因為頭暈、拍照、眼鏡不斷起霧、面罩太小，還有嚇死人的落水事件，我浪費了不少時間，只完成五十三公里的賽程。晚餐時宣布明天的比賽地點在丹科島，下午起跑，比賽時間五小時，太好了，明天可以睡晚一點，今晚要好好休息一下，整個人不只累壞也嚇壞了。

左腳裝著義肢的馮錦雄大哥。

Day 2
11/27
可愛的啦啦隊

本來預定下午一點半上登陸艇，因為天候不佳，拖延了將近一個小時才出發。開往丹科島的路程上，經過了許多大小不一、形狀各異的小冰山和浮冰，冰山不論大小，都會發出夢幻的藍光，實在是美極了！這天光是登島就是一個挑戰，可能退潮的關係，從岸邊要上島，必須經由工作人員臨時鑿出、一層樓高的冰梯，大家小心翼翼慢慢往上爬，深怕不小心就滑倒了。聽說這島上住了不少企鵝，我很期待跟企鵝的偶遇。

賽事經理宣布這天跑者必須給鞋子穿上冰爪，這是我第一次使用，不知道穿著冰爪跑在雪上的感覺是什麼？起跑時的天氣比昨天好多了，沒有風雪，還露了點小陽光跟藍天，溫度大約是零度，今天少穿一件風衣，上衣裡層是長袖排汗衫，外層薄羽絨外套，褲子一樣是內穿長壓縮褲外加防潑水長褲，下午三點開跑。

賽道範圍很小，一圈剛好兩公里，以一個小之字形從右邊盤旋上山，再以另一個大之字形從左邊回到起點。因為島上沒有人類居住，賽道都是在鬆軟的雪地上。有了前一天的經驗，起跑後，大家都乖乖地一個接一個往前走，而且盡量踩在前面人的腳印上。但是因為雪太鬆軟會塌陷，而且永遠不知道雪下的陷阱藏在哪裡，所以選手們還是不停地跌倒。有段時間我走在羅馬尼亞人安德烈後面，見他走沒幾步連摔四次，氣得大飆髒話，忍不住偷笑了起來，不過偷笑別人的後果就是馬上遭到報應，緊接著就換我跌入雪裡。

第一圈的時候大家步步為營，提防隨時可能會跌倒。兩三圈過後，隨著雪地越踩越結實，陷阱也越來越少之後就比較好跑。但是兩三個小時後，路線開始崩塌、滑動，大家又開始滑倒，沒有辦法，這就是南極。因為賽道狹窄，所以超越別人時要請前方的選手讓路，當然也常常需要給後方的快速選手讓道。因為選手一個接一個不斷繞圈圈，所以比賽時比較少跟其他選手聊天，大多數時間是盯著前面的地面，想著下一步要踩在哪裡，有時候會看到發呆走神。

賽道的地形非常單純，對著一座山丘跑上再跑下，從海邊往上望去，看著山坡上這串小人，不禁幻想起我們好像是一隊忙碌的螞蟻，在一盤有著藍色果醬的綿綿冰上忙碌地奔跑著。

因為眼睛持續看雪地太久會出現視線模糊的現象，這時候就要抬頭看遠方，讓眼睛休息一下。前三分之一的賽段因為有陽光露臉，氣溫稍高，於是戴著棒球帽遮陽，後來轉為陰天、起風下小雪，我再度戴上小鴨帽和頭巾保暖。

島上的金圖企鵝，體型僅次於皇帝企鵝和國王企鵝，是企鵝家族中最快速的游泳好手，游泳的時速可達三十六公里。它們是這裡的主人，對我們這群外來者充滿好奇心，經常在休息站附近探頭探腦，也不時地在賽道附近走動跟滑行，是這次比賽的最佳啦啦隊。一看到這群可愛的原住民，我的疲憊感就不見了。

這場比賽中有個一定要介紹的雪地神器，就是選手在比賽期間的方便聖地。工作人員從船上搬來一個坐

選手們在丹科島上繞圈中。

式馬桶，以便收集大家解放的排泄物，當天活動結束後再搬回船上，以免凡人的廢物污染這片純潔的大地。馬桶只有一個，男女共用，下船前一定要盡量先處理好當天的排空大事，不然如果上岸處理的話，就要露天拉下褲子，坐在純白冰冷的馬桶上，看著雪白的世界唱著聖歌，對經過的跑者說加油。

這天還跑不到四個小時，比賽就又提前結束了。由於比賽後段時間降溫很快，結束時我的雙手已凍僵，沒有辦法自己卸下鞋子上的冰爪，剛好紫娜在旁邊，只好請她幫忙拆下，謝謝紫娜。這天的戰績只有十一圈二十二公里。

要回到船上時，有幾隻企鵝在海邊一直看著我們，他們一定覺得很莫名其妙，怎麼會有一群奇怪的生物爬上岸，不斷地在山上跑來跑去繞圈圈，不知道在幹嘛，然後又走了，企鵝的眼神似乎充滿問號。

回到船上時間已晚，九點鐘大家在輕鬆的氣氛下開始晚餐，沒想到瑪麗竟然宣佈，明天早上五點用早餐，六點上登陸艇出發，比賽時間十二小時！這段話比五雷轟頂還令人震驚，讓我的心情瞬間變得不太美麗，一下子全沒食慾。

已經連續兩天全力跑了將近十四小時，而且是在困難的雪地上。如果照瑪麗所說，今晚大概只能睡六小時，明天又要像耕耘機似地耙雪十二小時！我已經精疲力盡、全身酸痛，感覺這樣超出了身體的極限，比賽變得很不好玩，違背了自己參賽的初衷——「享受比賽」。我心裡決定如果這樣的話，明日只能放棄完成兩百五十公里的目標，擺爛輕鬆跑，沒辦法再拼了。

企鵝的眼神中是不是充滿問號？

Day 3 11/28

在南極中暑？

早上四點半掙扎起床，五點用早餐。休息一晚之後心情比較好，念頭一轉，告訴自己今天還是要好好比賽，把它當成是一次長程的越野訓練。結果因為浪太大無法上岸，只好不斷更改出發時間，我們睡了兩次回籠覺，吃了兩次早餐。

比賽地點在天堂灣的史東尼點，很靠近南極半島。坐上登陸艇出發，藍天白雲配上藍冰白雪，海面上的小冰山和浮冰比昨天更多，看起來真的彷彿是天堂。登陸前遇到一隻鯨魚，噴氣跟我們打招呼，是為我加油吧，沒問題，我還是會努力跑的！

登陸後的天氣變得更好，太陽高掛，氣溫大約五度，好消息是我忘了帶防風褲，只穿一件壓縮褲，剛好配合今天的天氣。壞消息是連冰爪也忘了帶，今天可能會多摔好幾次，這兩天實在太累，竟然忘了檢查裝備。

上午十點十五分開跑，韓國帥哥中信不知道為什麼那麼興奮，居然一馬當先衝在最前面，直到雪太深連續絆倒他，中信不想被阻撓，竟然開始用爬的前進！

起跑第一圈，已經有人在拼命向前衝。

今天的地形跟昨天大致相同，只是山丘腹地更小，一圈只有一點四二公里。一開始我耐著性子，乖乖地跟在大家後面走了兩圈之後才開始超車。跑道就在一段冰川上面，隔著一個海灣，對面是另一條冰川的入海處，風景很是壯觀。

這是南極賽中天氣最好的一天，卻讓我吃足了苦頭。因為當天太陽很大，汗水融化了臉上的防曬乳且流進眼睛，讓我非常不舒服一直流眼淚，眼睛幾乎睜不開，這個情況持續了足足一個鐘頭的時間，加上高低不平的雪地坡道，也讓我跑得幾乎崩潰。

太陽融化的不止是汗，還有冰雪，跑道上的冰雪被不斷踩踏，再經過太陽照射，融化坍塌的速度很快。碰巧我忘了帶冰爪，因此腳步不斷打滑而跌倒。眼睛不舒服，看不清楚路況，又不斷跌倒，讓我生氣地想大吼大叫，甚至停止比賽，於是我只能不斷與自我對話，安撫自己，渡過這艱難的一個小時。

好笑的是三個多小時之後，竟然還感到頭暈跟噁心。天哪！我好像在南極中暑了，這會不會太荒謬了？雖然氣溫不高，但是紫外線很強，在陽光底下跑步真的有點熱，後來用水淋濕帽子兩次，腦袋一陣冰涼後才解除了頭暈現象，這真是超乎想像的經驗。

白人似乎更怕熱，來自美國的史卡特甚至把上衣全脫了，只穿著印有號碼跟名字的比賽薄背心。史考特是位美國警察，這次來比賽有個比我慘烈的經驗，他來的時候行李遺失，因此抵達烏斯懷亞後，得要在當地重新採購比賽裝備和隨身物品，不僅所費不貲，裝備也不一定合用。所以大會曾多次提醒選手，重要的裝備盡量不要托運，以免行李遺失造成困擾。

比賽進行四個半小時的時候，我停下來休息吃飯補充熱量，五個小時之後身體突然爆掉，像是只剩一%電力的手機，所有功能全部停用。整個人感到非常疲憊，兩條腿好像已經不屬於我的，產生了靈肉分離的感覺。隨後天氣大變，吹起大風，氣溫快速下降，我再度穿上羽絨衣，此時力氣已經用盡，也無心再欣賞風景。心裡對美麗的天堂灣完全無感，只覺得一點也不天堂。

我心想之前宣布說要跑十二小時，不知道會不會又提早結束？會提早多少？只能一邊跑就跟大家一邊猜測、討論。身體早就累壞了，這時完全是靠著意志力在支撐，腦袋一片空白，只想著什麼時候要結束？結果從六個半小時、七個半小時，一路失望，最後跑了九個半小時，直到晚間七點四十五分才宣佈提早結束賽程。感謝老天，終於得救了！

正準備上登陸艇回遊輪時，突然轟然巨響，看見遠方一座山發生雪崩，半座山的雪滾滾而下，這巨大的自然現象真震憾。我想到自己的體力，也如那雪崩一般掉到海裡，全沒了。這天跑了三十五圈，完成距離四十九點七公里。

回到船上，晚餐時間又是晚上九點，好不容易慵懶地吃完晚餐後想要回去好好休息的時候，結果聽到隔天的比賽時間差點抓狂！這天殺的瑪麗竟然又說隔天早上五點早餐，六點出發，比賽十二小時。天啊！有沒有搞錯，今天硬撐九個半小時已經快上天堂了，明天又要四點半起床，然後繼續折磨十二小時，實在太沒有人性了！

突然間整個餐廳鴉雀無聲，所有選手呆若木雞。回到房間後，室友的情緒像火山爆發般，怒吼了十分鐘才安靜下來。我心裡也是洶湧澎湃，想著我到底是為什麼而來？想要做什麼？內心一下說不玩了，一下又說繼續挑戰，一下說就去散散步，一下又說跟它拼了！好不容易費了九牛二虎之力才到這裡。算了，還是先睡再說吧，累死人了，明天又要四點半起床。

Day 4 11/29

開啟核子反應爐

儘管百般不願意，一大早還是強打精神起床吃飯，準備上岸比賽。畢竟，馬拉松賽就像人生，沒有選擇好牌壞牌的權利，唯有面對困難，才能解決困難。

今天特地再檢查一遍該帶的裝備，以免沒帶冰爪的烏龍事件重演。幸運的是跟昨天一樣，因為風跟霧的原因，下船登島比賽的時間推遲，必須等待通知出發時間。這是天大的好消息，我馬上回到床上睡回籠覺。事後聊天才知道，若不是剛好比賽延遲，恐怕有人會無法完賽，因為昨天太累，有好幾個選手都睡過頭。老天爺總會在需要的時候出手幫助的。

十點二十分突然收到通知，上午十一點要出發，趕快在下船前吃一包泡飯當作午餐。登陸地點在多里安灣，靠岸時小艇要用衝的，船頭才能靠到岸邊，方便我們下船上岸。天氣跟昨天的差別很大，風很強，天空灰暗，好像隨時會下雪。

賽道也是在小島上繞圈，一圈是二點四公里，相較於前幾天的比賽，這裡的雪比較不深，陷阱也較少，可以跑起來的路段較多。雖然還沒有宣布，但是已經聽說因為天候不佳，這次的賽程會縮短，今天將是最後一天的比賽。當下我的心裡感到有點失望，目前完成的里程數跟兩百五十公里的目標還差很遠。

經過前三天的奮戰，幾乎所有選手的速度都慢了下來。前一晚我全身肌肉僵硬，筋骨好像都快散掉，聽到今天要跑十二小時的時候，整個人都快抓狂，心中小劇場反覆上演要不要跑的多種劇情。此時，大概是因為聽到比賽要提早結束，再不跑就沒機會，而且這輩子應該也不會再來，突然就像是回魂了一樣，腎上腺素大爆發。

這天的比賽是在風雪中奮戰。

開賽第一圈過後，我就發覺身體狀況還不錯，沒有那麼疲憊，賽道又是這幾天以來最適合跑步的，雖然後來輪番下了幾次雪跟雨，風也越來越大，但是體內的核子反應爐已經開啟，再大的風雪都無法阻擋。我火力全開，四小時後才第一次進休息站吃一包能量棒。第六個小時的時候，大會供應熱巧克力，我實在又冷又餓，才又進場連喝了兩杯。

這時來自冰島的湯米被我超過二圈之後突然追上來，他笑著說不想輸我，但我笑著決定不衝了，湯米您先請。連續跑六個多小時，已經完全沉浸在雪地上盡情奔馳的樂趣，激情得到釋放，人也累了。這幾天的比賽我每一分鐘都很認真，包括休息也是，跑魂已經完全得到滿足。

沒多久後接到通知，今天最後一圈的起跑時間是下午七點，七點以後回到終點的選手就停止再出發，時間已所剩不多，趁最後兩圈好好享受一點南極風光，於是慢下腳步來照相，好好地感受這片純淨的世界。這天比賽時間七小時，完成二十一圈、五十點四公里。

Jason
11
THE LAST DESERT
(ANTARCTICA)
2018

放慢速度後，與身後的企鵝們合照。

攝影師從海上拍攝比賽狀況。

Day 5
11/30

最像天堂的地方

最後一天不比賽，是拍畢業照的日子，小艇在米克爾森港登陸，這裡有超多的企鵝。穿上大會這次發的外套，上面有四大極地賽的圖標，每個人都興奮地不停傻笑，不禁讓我想起小時候過年穿上新衣的樣子。

登島後選手輪流跑兩百五十公尺，用最瀟灑的姿勢通過終點線，由瑪麗為大家掛上完賽獎牌。這一刻是在南極最輕鬆的時光，大家玩成一團，盡情拍照。雖然是瘦皮猴的身材，我還是要展現一下氣魄，脫光上衣做兩下伏地挺身。法國人西玄把一個雪球丟過來，我順勢跳起用肩膀頂破雪球，像是一個老頑童。

南極這個銀白的世界，是我見到過最像天堂的地方。比賽結束拍紀念照這天，剛好是父親上天堂一周年的日子，出發前我曾經幻想，會不會在這裡遇到他？比賽這幾天我不時地四處張望，有時候會看看天空是否有他的影子，也許有，但是我沒看見。或許他跟母親兩個人坐在雲端，悠哉地看著兒子，努力在雪地奔跑，在雪地玩耍、跟企鵝拍照。他們一定很高興兒子有勇氣到這種地方跑步，看到這個老兒子跑完之後玩得跟個孩子一樣，一定笑得很開心。要登船離開的時候，抬頭看著天空大喊：阿爸、阿母，我還會繼續跑下去，以後到了天堂再講故事給你們聽。

拿到獎牌後的大合照。

感動的詩篇

在這場比賽中，來自香港的馮錦雄馮哥令人敬佩不已，高齡六十六歲且有半條腿是義肢，過程中無數次看到他跌倒，有時陷入雪中的義肢不易拔出，甚至會脫落，但馮哥仍堅持完賽。巴西的盲人桑多士同樣令人感動，我簡直無法想像，在看不到地面的各種狀況下要如何完賽。雖然途中他曾經因挫折哭泣，但最終不僅順利完賽，還拿到第二十八名的優異成績。

我很榮幸親眼見證這兩位生命鬥士，在比賽過程中展現出不屈不撓的精神，看到他們兩位能夠完成常人都覺得不可思議的南極賽事，讓我重新定義了「困難」。我覺得真正的困難不在於事件本身，而在於「自己」。自己能不能鼓起「勇氣」去面對和挑戰這件事而有所行動？不管中途跌倒多少次、遭遇多少挫折，能否用「堅持」的態度完成挑戰？他們兩位在南極用高度的張力，表現出超凡的生命力，把一件「困難」的事變成偉大的詩篇。

這場南極超馬四天的比賽，我總共完成一百七十五公里，排名第十二名。幾個有趣的統計如下：

＊這項賽事每兩年舉辦一次，二〇一八年是第八屆，總共有四十九位選手參賽。

＊選手的年齡從二十一～六十六歲，平均四十二歲，十二位女性，三十七位男性。

巴西的盲人選手桑多士與領跑員。

*選手們分別來自二十九個不同的國家地區。

*本屆只有第一名的香港選手黃浩聰完成兩百五十公里；上一屆二〇一六年天氣較佳，比賽天數較多，有八人完成兩百五十公里。

*四十九位選手的平均完成距離是一四七公里。

*馬來西亞、比利時、芬蘭、瓜地馬拉、荷蘭、羅馬尼亞這六個國家第一次有選手參加這個賽事。

*室友威廉是第一個完成四大極地超馬的馬來西亞人。

八、

2019.4.28 —
2019.5.4

第四站——非洲納米比亞

地獄之門，骷髏海岸

納米比亞位於非洲南部，西邊面向大西洋，南與南非共和國接壤，面積是台灣的二十三倍，人口卻只有兩百六十萬，使用最廣泛的語言是南非語、英語和德語，是非洲最適合旅遊的國家之一。

比賽地點在骷髏海岸國家公園，位於大西洋和納米比沙漠之間，前三天選手要沿著海岸線往北跑，第四天向東轉進納米比沙漠，第六天再跑回海岸線。納米比沙漠（Namib Desert）是世界最古老的沙漠，已存在至少八千萬年，年平均雨量低於十毫米。

骷髏海岸國家公園位於納米比亞北部的海岸線，東西寬四十公里，南北長五百公里，是世界最大的船隻墳場。西邊的大西洋有寒冷且難以預測的本格拉海流和暗礁，海面上從大西洋吹往納米比亞的潮濕空氣經過寒冷的海面時則會產生濃霧，波濤洶湧加上狂風濃霧，不僅使得船隻失事的悲劇在此不斷上演，連大量鯨魚也在這裡擱淺。

沿骷髏海岸往北走，是惡名昭彰的海難發生地點，由於沙漠慢慢填平西邊的海岸，一些遇難船隻現在已位於內陸五十公尺處。海岸上不只有遇難的船體殘骸，還有在迷茫沙漠中，受困而死的船員和野生動物的白骨。以前葡萄牙海員把納米比亞這段備受烈日煎熬，荒涼卻又異常美麗、可怕的五百公里海岸線，稱為「地獄之門」。這條被認為是世界上最危險的海岸線之一，「恰巧」是我們比賽的區域，出發前想到這些故事不禁有點毛骨悚然。

賽前花絮

「納米比亞」是我的四大極地超馬之旅最終站，所以心中更想要在這一站好好地享受跑步的樂趣。有了前三場的經驗，加上南極站之後四個多月的準備時間，在這段時間我持續訓練，雖然因為體力恢復慢沒有辦法像其他人做大量訓練，還是盡可能保持月跑量接近三百公里，並在比賽的三個禮拜前模擬比賽狀況，進行連續兩天負重十一公斤跑四十二公里的訓練。結果第二天的訓練跑到一半時，因為疲勞而非常想要停止，於是告訴自己，如果在台灣這麼舒適的環境都跑不完，怎麼有辦法去沙漠參加比賽呢？不停地鼓勵自己抬起腿繼續往前。當天完成訓練後整個人累到全身酸痛、沒有力氣卸下背包，只能先躺下休息。縱使已經跑完三場極地賽了，但訓練永遠不是一件輕鬆的事。

好玩的賽事不能獨享，這次我邀請好友政全一起來挑戰這場比賽，只是他在出發前一個禮拜，因為腰傷到醫院就診，卻被誤判為惡性腫瘤，除了全家驚嚇萬分，更差點不能參加比賽，還好經過其它醫院確認沒事，為賽前增添一段意外插曲。

我們的行程是二〇一八年四月二十三日從台灣起飛，途經香港、南非約翰尼斯堡，再到納米比亞的鯨灣，連續三個航段加上候機，單程旅行時間超過二十四小時。我們比大會規定的集合時間提早兩天抵達納米比亞，以便調整時差跟適應環境，順便來一趟城市小旅行。

鯨灣的海上觀光行程很有趣，可以看到幾萬隻的海狗、海鷗、信天翁、大型的曼波魚和海豚。搭船出遊時，有一隻信天翁因為跟船長是好朋友，飛來降落停在船頂，然後從天窗伸長脖子進來跟船長打招呼，由於它沒事就左右搖擺身體，於是船長幫它取名「Lady GaGa」。後來有一群海鳥以斜縱隊的隊形飛過船前方，正當我們驚訝於隊伍的長度時，發現更長的隊伍正不斷從後面跟上，接連幾十分鐘看不到盡頭，令人讚歎。

遊艇返航前，船上提供餐飲給遊客們享用，大家開始吃喝聊天。一番交流之後竟然發現有位來自西班牙的帥哥，跟我同時參加了去年的西班牙塞維利亞馬拉松，他向我秀出了手機中的比賽照片，讓我非常驚喜。一個台灣人飛到西班牙的南方城市跑馬已經很難得，一年後竟然能夠跟同場競賽的西班牙跑者，在非洲的海上相逢，有緣千里來相會，實在太神奇了！

離開鯨灣前往斯瓦科普蒙德報到之前，我跟政全先做一段十公里的健走，當作賽前訓練跟背包測試。健走路線是從旅館走到紅鶴保護區來回，驚人的上萬隻優雅紅鶴數量，讓人感到這就是非洲，動物的天堂。

史上最多台灣選手，同場台灣超馬前輩

選手報到當天，陸續看到幾個老朋友，有來自台灣的吉姆和尼克、南非的萊拉、在南極站遇見的香港傳奇截肢跑者——馮錦雄和莊冰英伉儷、法國的克里斯多夫，台灣超馬運動的先驅林義傑跟藝人范逸臣，還有受林義傑號召前來的海膽、愛德華、維琪、坤豪、麥克、傑克、史黛拉、艾瑪，另外還有三位媒體人——心屏、大雄跟瑞克。這是四大極地超馬有史以來，最多台灣人參賽的一場比賽，很高興能夠一次認識這麼多志同道合的朋友。

本屆大會邀請歷屆冠軍前來參賽，贏得這次比賽的人，將成為冠軍中的冠軍。林義傑是第一屆四大極地超馬總冠軍，更曾參與人類首次跑步橫渡撒哈拉沙漠的壯舉，對於台灣的超馬運動貢獻良多。能夠跟他在非洲一起完成我的四大極地超馬，對我來說意義非凡。

現存的原始民族——辛巴族

報到完畢後前往位於骷髏海岸國家公園第一天的營地，車程大約四個小時。

納米比亞人性格開朗，天生能歌善舞。我們到達營地，首先映入眼簾的就是當地工作人員的勁歌熱舞，還有由原住民為我們帶來令人難以置信的傳統舞蹈。

他們裸露上身，跳著節奏簡單卻充滿力量的舞蹈，並不時發出吼叫聲，其中一位舞者還背著孩子在跳舞。他們是「辛巴族（Himba）」人，總人口約五萬人，到現在還維持著五百年前的生活習慣，終身不洗澡，每天在身上塗上紅泥，也被稱為「紅泥人」。很難想像在二十一世紀的今天，仍有人維持著一般人難以接受的生活方式，而這群人正在眼前，以他們古老的待客方式迎接選手們，我驚訝地說不出話來。

馮哥伉儷這次跟艾德恩三人組隊參賽，我非常很高興和自己的偶像分配在同一帳篷。除了馮哥的「瘋狂中年隊」三人組之外，同帳的還有兩位香港女士朵拉、凱瑟琳，都是超馬老手。這七天的賽事全程都可以用中文跟室友溝通，不僅心情輕鬆愉快許多，也能聊得更多。

美中不足的是帳篷通風太好，帳篷內無時不刻都能感受到來自地獄之門的強風。現在是納米比亞的初冬，早晚氣溫都不到十度，在帳篷外一定都要坐在火堆旁再穿上羽絨衣才不會覺得冷。

夜色下看著明天的出發拱門，想到一年前許下完成四大極地超馬的心願，即將在這裡成真，心裡就覺得既期待又興奮。

穿著傳統服飾的辛巴族女性。

Day 1 4/28

納米比亞站開跑！

大會為每天的賽事取了名字，第一站「生命交響曲」，選手們開始體驗古老浩瀚的納米比沙漠，沿途經過骷髏海岸地區色彩繽紛的峽谷，比賽距離四十三公里，地形不複雜，地質也不會太鬆軟，所以大部分路段都可以跑起來。

由於昨晚的風實在太大了，整個帳篷被風吹得啪啪作響，讓人睡得很不安穩，甚至好幾次被吹起的帳篷打到頭而驚醒。加上帳篷門沒辦法關緊，風一直吹進來，我已經睡在最裡面的位置，還得穿著羽絨衣連頭都鑽進睡袋才睡得著，真不知道睡在帳篷口的馮哥跟艾德恩怎麼受得了？因為這次有三位女士同帳，晚上的打呼交響曲弱了很多，不過還是要用上耳塞才行。

六點起床的時候，當地溫度只有九度，然而年降雨量不到十毫米的沙漠，怎麼會有毛毛雨呢？原來是因為我們身處海岸線，溫暖濕潤的海風碰到沙漠冰冷的空氣而產生凝結的關係，因此大風、起霧跟毛毛雨是骷髏海岸線的日常風景。八點開始賽事簡報，八點半還下著毛毛雨，伴隨強風讓人覺得好冷，我一直猶豫著要不要穿羽絨衣起跑？

出發前跟義傑合影，他是第一屆總冠軍，而我即將在這裡完成自己的四大極地超馬，於是用照片在此留下這歷史性的一刻。因為跑速不同，我跟政全決定全程各跑各的，下一個營地見。

開賽時我站在起跑隊伍的前半部拍照，當大部分人衝出去之後，才不疾不徐地跟著隊伍起跑，這可是兩百五十公里的比賽，不用著急。經過一年的訓練和三場比賽的經驗，我已經很會掌握自己的節奏，只以七分速穩定地前進。還好起跑前脫掉了羽絨衣，經過兩分鐘的熱身之後就一點都不冷了。

今天的賽道從軟沙路段開始，一路上地貌不斷變換。因為有霧氣的關係，所以在這裡可見一些特別的沙漠植物，其中一種多肉植物，莖末端開著粉嫩的小花，很像樹枝狀的珊瑚。

住在隔壁帳篷的凱特跑得很好，她是來自英國、住在香港的銀行家，中文說得非常棒。一看凱特拿著兩隻登山杖跑步的姿態，就知道她非常有經驗。只是第一天的坡道不多，應該不需要用到登山杖，她可能是不想停下來收拾，所以幾乎全程拿在手上跑。

阿塔卡馬站的女子冠軍萊拉，不到五公里就追了上來，這段路的沙質有點軟，每一步都會留下深深的腳印。十五公里之後萊拉反被我超過，能夠跟老朋友重逢，一起在沙漠跑步聊天，真是愉快的事，哪怕只是打聲招呼。

不知道為什麼這塊沙漠地面有著不同的顏色，而且部分區塊顏色界線清楚。CP1後，褐色的沙漠中出現黑色的小丘，山丘上則是有顏色均勻灰黑的石頭，呈現出一種內斂的美。繼續往前，另一段路上的石頭竟然長滿色彩鮮豔的苔蘚，看似荒涼的沙漠，其實到處暗藏生機。

有的沙漠路段表層是鬆散細沙，底下是硬土質，腳步踩下後雖然會留下一、兩公分深的腳印，實際上跑起來卻不是太不費力。經過一段黑色的片狀岩石，我覺得像極了台灣法會上的刀梯，忍不住多看了幾眼。一路上的景色就在沙漠的顏色、地質、地形、植物跟鮮豔的苔蘚石頭之間不斷變化，使得賽程饒有趣味，也許這就是這段賽道被命名為「生命交響曲」的原因。

黑面黃底的沙漠，留下不回頭的腳印。

到達二十二公里的CP2之後烈日高掛，氣溫直線飆高，我本來只戴頭巾，這時候趕緊戴上遮陽帽。過了三公里後又不得不開始淋水降溫，並持續做了好幾次。

直到三十六公里處，賽道一個大左轉往大海方向前進，從海上吹來的強風正面襲來，我的跑速瞬間降到零。這時候帽子被風吹起，幸好有繩子將帽子固定在脖子上沒飛走，但是帽子下的頭巾就沒那麼好運，馬上就被吹走消失得無影無踪，連體溫也跟著急速下降。沒多久前還在為了避免中暑做降溫，現在變成要保暖避免失溫，這個環境變化也太大了吧！

因為身體已疲乏，加上風太大跑不動，所以我採取了跑一百公尺走一百公尺的策略，除了可以讓速度不要掉太多，還能透過跑步保持體溫。如此一路到營地，以五小時十四分完成第一天四十三公里的賽事。感覺今天的身體狀況非常好，速度很快，比之前兩場沙漠賽的表現更好，除了早上右腳的鞋帶沒綁好，回到帳篷後發現右腳大拇指的指甲有點痛之外，其它一切安好。

不到三十歲的室友凱瑟琳已經是兩個孩子的媽，別看她皮膚白皙又吃素，可是一位長跑高手，是七號帳第二個回來的選手。不到兩個小時後，政全一路輕鬆跑走順利完成第一天比賽，期待他一路無傷愉快完賽，我的使命是比賽後還給他老婆一個活蹦亂跳的老公。

一路肆虐的大風，到了營地仍然毫無停止的跡象，因為營地很靠近海邊，帳篷底部整個被風吹得往上鼓起，狂風吹起的帳篷拍打聲音大到嚇死人。想到昨晚被不斷吹起的帳篷打頭，我心想完蛋了，一定要換個方向睡才行！幸好大風持續到下午五點突然完全停止，就好像是天神關掉了大型電風扇一樣。沒有嘯叫的風聲和帳篷發出的聲音，營地突然變得很安靜，今晚應該可以一夜好眠。

Day 2
4/29

斯克茲橋上的鑽石小徑

第二站的路程要在壯麗的河床上跑過一條小橋，然後經過彩色的寬闊平原，還有一些小沙丘和岩石地形，本來規劃四十公里的路程，臨時宣布縮短為三十四公里，迎來一片歡呼聲，但是……出來混總是要還的，七天的總里程數不變。

天氣看起來很棒，氣溫比昨天高得多，陰天十五度，很適合跑步的氣候。每天的賽前簡報，除了宣布當天的賽道狀況跟注意事項之外，還會宣布前一天的領先者成績，領先者會得到黃色的號碼布，上面寫著

「LEADER」(領先者)。來自香港六十七歲的馮哥、六十一歲的馮嫂和五十七歲的艾德恩,今早取得了領先者的號碼布,這是我們第七帳的光榮。雖然這次的團隊只有他們這一隊,但是高齡又身障的馮哥敢於報名,堅持完賽,是我心中永遠的第一名。

出發後前往海岸方向,鬆軟的沙地並不好跑,是名符其實的一步一腳印,但這一點也阻擋不了大家的熱情,幾十個人在前面跑得飛快。沒多久之後在一片寸草不生的沙漠,竟然出現了一座小湖,由於沙漠的關係,呈現出紅色湖面,選手依序跑過湖邊,人影倒映湖中,顯得很夢幻。

之後到了海灘,貌似遇到漲潮時分,海浪拍打著沙灘,吹著五、六級的風。跑者兵分兩路,一部份人沿著水邊跑,另一些跑者靠著沙灘右邊跑。因為路線的指示旗實際上是插在右邊的沙灘,但是沙灘地質鬆軟,並不好跑;有些跑者覺得水邊的沙比較結實,所以沿著水邊跑。我則是兩邊跑來跑去,覺得不好跑的時候就換邊,但是兩邊的距離至少有五十公尺,跑過來跑過去反而覺得更累,最後我選擇跑在比旗子更右一點的位置,直到海灘路段結束。大概是因為沙灘區上方有草的關係,吸引了動物聚集,沙灘上除了有草食動物類的蹄印,也有肉食類動物的爪印。

跑者身影倒映在紅色小湖湖面。

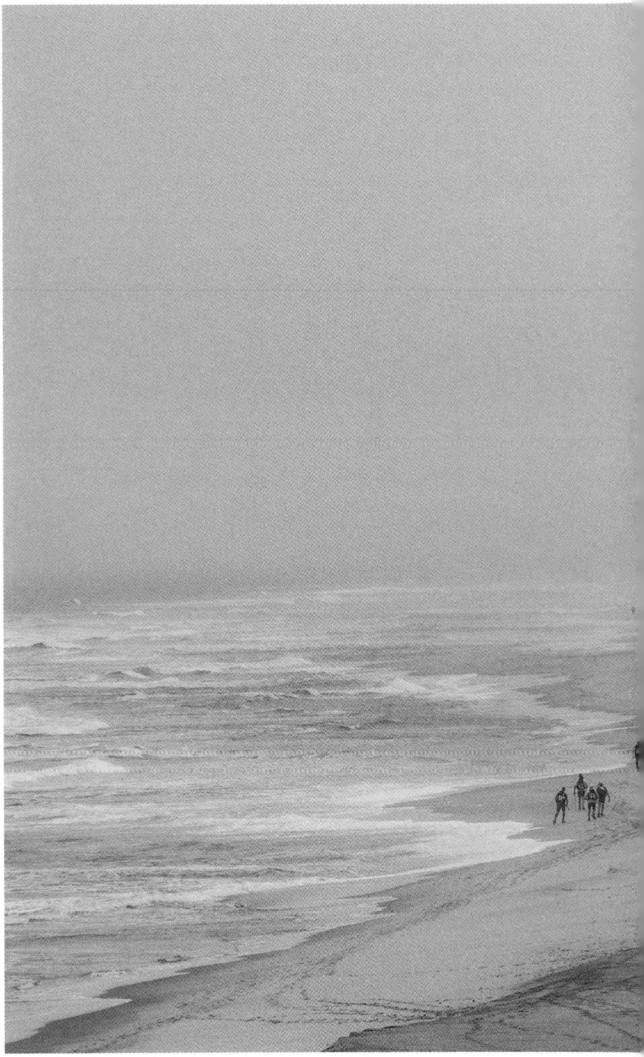

海灘區。

在海灘與沙漠區有一段很長的過渡區，是段有趣的路面。地表是乾燥片狀的土壤，呈現不規則的隆起，隆起的部位有多個小洞，一腳踩上隆起的土地，地裡就會發出破裂聲音，我一直擔心會有蟲跑出來，但最後並沒有發生，只是我擔心的幻想。到了沙漠區跟俄羅斯的伊拉共跑了一段，他已經有五場沙漠超馬經驗，我在一片平地凸起的小沙丘幫他照相，開玩笑說他已登頂納米比亞最小的沙丘。

賽道經過一個廢棄的石油礦場，看到大地母親用身體的養分餵養人類，奶水枯竭後就遭到遺棄，蒼涼景象令人噓唏。褐色的沙漠開始變成黑沙漠跟沙丘，黑色的沙漠看起來沉穩、安靜，讓我想起小時候在建築工地看到的黑色砂土，心裡很有親切感。

後來出現一段地表類似珊瑚表面的地形，土質不硬但有點崎嶇，漸漸地底下慢慢浮現出白色石頭，一直到整個地面都是石頭，而石頭上佈滿像龜殼般凸起的紋路，綿延了至少一公里。感覺自己彷彿是跑在一隻萬年神龜的背上，也許它隨時會驚醒，直接搭載我到終點。神龜終究沒有醒來，太陽高掛之後我感到暈眩，開

廢棄的石油礦產。

始執行解除狀況的標準動作，潑水降溫以及吃巧克力。

從二十二公里處開始有足足連續十公里賽程，前後都看不到一個人，只能自己獨跑。一個人跑太久很無聊，於是超馬症候群發作，自己講笑話給自己聽。把早上大家聊天的笑話複習十遍還改良了一些內容，一邊跑步一邊傻笑。終點前五百公尺，精實的匈牙利女神斯維亞追上來，於是邀請她兩個人一起衝線完成這天的賽事，完美地推進三十四公里，完賽時間四小時零七分。

衝線進入營地之後，我就被一個大塊頭的男義工給吸引，他身材高大魁梧，斜坐在帳篷下，一邊打毛線一邊聊天。眼前彷彿是阿諾史瓦辛格坐在前面打毛線的畫面，讓人莞爾一笑，疲勞立刻全消。

傍晚的時候出現一隻充滿好奇心的灰背胡狼，不斷地在營地周圍探索、偷窺，不知道是對食物有興趣，還是對我們充滿汗臭的肉體有興趣？

Day 3 4/30

骷髏海岸的海灘奔跑

經過兩天的比賽大家都累了，前兩天艾德恩都是不到六點就起床，然而今天到了六點十五分整個帳篷也沒人要起來。為了避免上廁所大排長龍，我特地不到六點就起床，於是得到一個早起獎勵，看見一片美麗的銀河高掛天空，這讓我不僅嘴角揚起，內心也相當感動，納米比亞也是世界上十大最佳觀星地點之一。

說到上廁所就不得不特別提一下，想不到非洲納米比亞站的流動廁所，簡直是五星級的設備，顛覆了我對非洲的想像！除了有馬桶可坐，廁所總是隨時打掃得很乾淨，而且使用完畢後是用消毒水沖水，乾淨又沒有味道。另外還提供足夠的衛生紙跟擦手酒精，讓我們生活沒壓力。不像其它站賽事，七天只有自帶的一卷衛生紙，要仔細分配好每天的用量，以免提早用完，那就尷尬了。

一大早看到滿天星斗，我以為出發時會是好天氣，沒想到天亮後又變天了，轉為陰天有大風，溫度大約十度，起跑前大家圍在火爐前取暖聊天。起跑後，我因為太過興奮，竟然跟著領先集團在鬆軟的沙地跑了一段距離，真是不自量力，還好十分鐘後就清醒過來，開始放慢速度。這時候來自匈牙利的斯維亞跟了上來，她的配速非常穩定，總是不疾不徐，永遠不會掉速。

在六點五公里的一座山丘上有個特別的大自然現象，地面不知何故豎立著一片紅色的小石頭，後方有個綠色的小山包，顯得別有風情。從美麗山丘下來後進入海灘區，這時候選左邊還是選右邊的遊戲又來了。我在左邊靠水的沙灘和右邊沙灘上方高低起伏、混有碎石的路線之間變換了幾次之後，決定跟在斯維亞之後跑在右邊沙灘上方的路線。我們以六三〇～七〇〇（每公里用時六分三十秒至七分鐘）的速度前進，中間超過幾個人，一直到二十四公里處、CP2前的一艘沉船遺骸，我停下來拍照之後覺得有點疲勞，便不再跟著女超人。

CP2之後開始進入海狗的領地，老遠就看到一大群肥滋滋的南非海狗（Cape fur seal）躺在沙灘上，我忍不住哇的大叫一聲之後，開始一邊大喊，「親愛的，我來了！」一邊衝向海狗們，不過它們並不領情，還沒接近，已經全部跳下海。於是只好繼續往前跑，等我回頭一看，它們又全上岸了。

繼續沿著海邊奔跑，一股臭味越來越濃，原來這時候才開始要真正進入海狗保護區，整整有四公里長的沙灘區用柵欄圍起來。這裡有數萬隻的海狗，是它們出生、生活，也是死亡的地方。有些肉食動物會到這裡獵捕海狗。跑步的路徑上，隨處可見海狗的殘骸和毛皮，空氣中充滿死亡的味道，而遠處海灘上的慵懶嬉戲海狗們，看起來一副悠然自在的樣子，這裡是它們生命的國度。

上｜肥滋滋的海狗。
下｜沉船遺骸。

沙灘上路徑標示旗旁邊，有個看似用漂流木架起的物體，接近後我才發現，那竟然是鯨魚骨。海風越來越強，但是我心中竊喜，因為是側順風，六三〇的跑速讓我仍感到輕鬆。這段海灘路線從七公里開始一直到三十二公里的CP3才結束，連續二十五公里的海灘，讓所有的跑者跑到很厭世。在CP3旁的沉船殘骸旁拍照留念之後，一個大右轉朝向內地，沒想到卻開始走向我的地獄之門。

從海灘經過一個上坡，大右轉到一片岩石山丘，剛才在海邊強大的側順風變成強大的側逆風，體感溫度一下子感覺掉了十度，鼻水瞬間被風吸出一長條，剛擦完馬上又跑出一條。我發覺不對勁，趕快停下來穿上羽絨衣，因此耽擱了不少時間。原本在前面的人都不見了，因為岩石地形跟強風的關係，很多路徑標示旗插不住，被風吹倒，我一個人找了十分鐘找不到旗子，不知道要往哪邊跑，直到後面南非的懷納德來了，兩個人又分頭找了十分鐘之後，他才發現旗子。這下子不僅浪費了不少時間，而且體溫和體力也都渙散了。

跟懷納德兩個人一起跑跑走走，沿路又找了好幾次旗子，找到後就儘量把它們再插好，以免後面的人看不到。這時候看懷納德好像跑不動，於是我提議兩個人一起跑一百公尺走一百公尺，沒想到跑了一公里之後自己率先放棄。我像洩了氣的皮球，累得連走都不想走，要不是風實在太大太冷，真的很想坐下來休息。

那是片一望無際，連續緩上坡又鬆軟的沙地。在三十二公里以前雖然覺得沙灘很無聊，但是跑速很不錯，心情很好，此時我卻只想著什麼時候趕快結束。撐了很久，明明手錶都已經顯示四十二公里，到達宣布的距離，但心裡卻覺得奇怪，怎麼完全看不到營地的影子？我越走越冷，絕望感在心中高高升起。

直到經過一個小土丘後，突然看到營地，哦！原來大會故意把營地隱藏起來，我們這些跑者都被戲弄了。每個跑者回來後都在訴說這段內心戲，大會太會捉弄人了，大家都已經跑到快往生了，還跟我們玩捉迷藏的遊戲！

本日用時五小時五十六分，回到帳篷後我發現脖子很酸，原來是因為風太大，一路上必須彎著脖子用頭去頂風，頂到脖子都酸了，這個狀況也是人生頭一回遇到。馮哥三人今天花了十個半小時才回來，馮嫂回到帳篷隱隱在啜泣，越晚風越大、溫度越低，比他們年輕力壯的我都已經覺得累壞了，他們這一路的辛苦不言可喻。

Day 4
5/1
熱鍋上的螞蟻

好戲上場嘍～今天要打怪，一日雙馬，距離八十四公里！

昨晚和今早都見到璀璨的銀河，讓我滿心歡喜。幸運的是起跑前又是佈滿雲層和霧氣，刮著冷冷的涼風，說話的時候嘴巴還直冒白煙，冰冷的空氣，讓今天的比賽有個輕鬆的開始。

今天的賽段名稱是「穿越世界最古老沙漠的長征」，沿途會經過一片河床，到達有紅色圓頂山丘的沙漠平原，大部分路段都是岩石地形。不僅要前進八十四公里，足足兩場馬拉松的距離之外，還要爬升九百一十五公尺，加上要離開海邊轉向內陸，氣溫將會超過攝氏三十七度。路程又遠又高又熱，是這場比賽最大的考驗，也是比賽的決勝點。我的目標是十二小時完賽，策略是一開始用七分速起跑，遇到上坡就用走的，一大早涼快稍微趕點進度，天熱時控制好節奏。

出發前來自台灣的選手圍成圓圈，伸出手一起喊口號，加油！加油！加油！這次台灣選手中，有的人賽前已受傷，有的人訓練不足，經過三天比賽，除了我之外，每個人腳底都起了大大小小的水泡，今天對大家而言，絕對是一場苦戰。

上午八點半起跑後，按照自己計劃配速出發，穿過一條公路後，跑向一片霧茫茫的沙漠，領先集團慢慢在視線中消失。半個小時後太陽升起，霧散了，溫度開始快速上升，沉穩的斯維亞很快地在五公里就追上來，然後按照這幾天的慣例，不到十公里我就超過日本人陽，第一個十公里完美控速。

過了十一公里處的 CP1 以後，開始進入散佈磚頭大小的岩石山，在亂石堆中跑跳前進，還算遊刃有餘，遠方有巨大的紅色山丘和黑色山丘，很是壯觀。看著前方一個個跑者的人影越變越大，然後打招呼超車而過，是今天跑步的樂趣之一。進入沙漠高原盆地後，萬里無雲豔陽高照，地上佈滿紅色的碎石，周圍被紅色和黑色山丘包圍，讓這塊沙漠像是一個正在加溫的平底鍋，選手們像是熱鍋裡的螞蟻，在鍋裡跑來跑去，才跑十幾公里，我已經開始為身體澆水降溫。

曝曬後的紅色岩石冒著熱氣，宛如瓦斯爐上的平底鍋。

到了十八公里的CP2，湯姆和馬克在帳篷休息，加完水跟他們打個招呼繼續前進。沙漠植物總是令人驚嘆，我看到一段枯枝在毫無生機的地上竟然會冒出新芽，突然想到我乾癟的臉上，現在偶爾也會冒出幾個青春痘，不禁會心一笑。

一路上有長滿了色彩鮮豔苔蘚的石頭，還有一小撮、一小撮的淡褐色乾草，生長在紅色礫石之間，像黃金般閃閃發亮。路上看到很多不同動物的排遺，還找到一隻劍羚的角，就是沒發現恐龍化石。一個人在沙漠獨跑，沿路觀察生態，一點都不寂寞。

雖然溫度持續升高，還好乾燥的沙漠有助散熱，維持既定配速到了CP3，這時候發生了小狀況，右腳膝蓋有點痛，幸好放慢速度之後漸漸沒事。在這裡遇見納米比亞的國花「百歲蘭」，它一生只有兩片葉子，葉片裂開後看似多片，壽命可達數百年，目前發現最長的植株壽命已有兩千年，真是不可思議的植物。

CP4在三十七公里處，老遠就看到心屏等三位媒體人在裡面，一進休息站，心屏就拿著大水壺為我加水。參加了四場極地超馬，比賽中第一次有同胞親自為我倒水，心中好感動！

大會在CP4為每位選手提供一罐冰可樂，我只用兩口就迅速喝完，還有什麼事比在炎熱的沙漠跑了三十七公里之後，拿到一罐冰可樂還過癮嗎？之前一路勇猛的俄羅斯人伊拉在裡面休息，我精神還不錯，哈拉幾句、拍完照之後就先走人。

1 世界六大馬與四大極地馬拉松獎牌。

TEAM

2 蒙古戈壁站第一天比賽的起跑點，位於古城遺跡旁。

3 蒙古戈壁站比賽前，與陳焜耀大哥、彥誠、彥誌合影。

4 振奮人心的「永不放棄隊」。

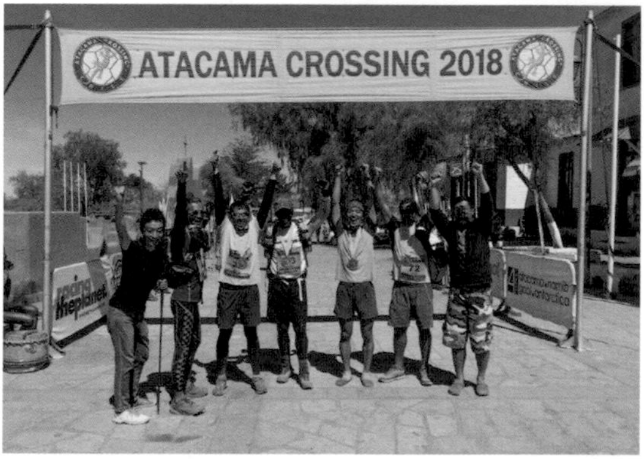
ATACAMA CROSSING 2018

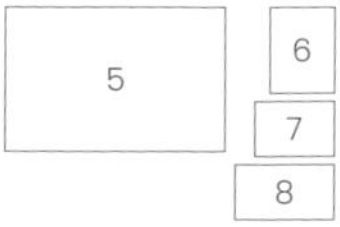

5 在阿塔卡馬站，我高舉雙手一路大叫衝下鬆軟的沙坡。
6 阿塔卡馬站創辦人——瑪麗。
7 阿塔卡馬站十二號帳「歐卡」的全體室友。
8 夜晚的阿塔卡馬沙漠，繁星點點。

Ushuaia

9 比賽開始前的登島航程，都是一次冒險。
10 脫去衣服在雪地嬉戲，我用肩膀將西玄丟過來的雪球頂回去。
11 與跑友們在世界最南端的城市——烏斯懷亞的地標上合影。
12 好奇的企鵝不時靠近我們，在它們眼中，頭戴黃色小鴨帽的我不知是什麼模

13

14

15

13 納米比亞站的終點合影，也代表我完成了四大極地超馬。

13 七號帳全員完賽。

14 獲頒「精神獎」，我在納米比亞七天的比賽後曬成了黑人。

上｜看似枯死的植物仍有一絲生機。
下｜納米比亞國花「百歲蘭」。

自從CP2之後，沿途風景變化不大，都是紅色岩石沙地，加上遠方光禿禿的巨大山丘。到這裡終於追上了澳洲人陶德，他的跑步姿態看起來不太正常，我問他需不需要幫忙，陶德說不用，只是腳有點不舒服。超過他之後中途停下來處理燒襠問題時，又被陶德反超，一直到四十四公里的CP5，才再度追上。

CP5有提供熱水給跑者泡食物，因為記錯提供熱水的點，我進站前才吃過能量棒，所以取消了原定的吃泡麵計畫。到這裡只用了五小時四十分，後面只剩四十公里，十二小時內完賽的機會很大。由於高溫的關係，離開CP5的時候選手被要求帶兩公升的水，而且嚴格檢查水量，要加滿加好才能離開。

沿路景觀依舊是紅色沙漠被和山丘，一個人繼續獨跑，太陽把大地平底鍋烤得越來越熱，眼睛能夠很清楚地看到熱氣不斷地從火燙的地面升起，遠方的山丘下半部被滾滾上升的熱氣遮蔽，整片山丘貌似漂浮在半空中，實在是太熱了！

跑在熱氣奔騰的紅色沙漠中，周圍的山丘在熱氣蒸騰中有如浮動的堡壘。

經過前三天的比賽再加上今天的長賽，酸痛的肩膀已經在抗議，不得不經常把雙手放到背後托起背包，來減輕肩膀的負擔。時間已經接近下午兩點，氣溫達到三十七、八度，再加上緩上坡的亂石地形，沒辦法跑起來，速度大幅降低，因此消耗了很多體力，加上需要很多水降溫，感覺身上的水不太夠用，還好有嚴格控制水量，兩公升的水讓我勉強撐過這十公里，到達五十四公里處的 CP6 時已感到虛脫，全身乏力。

四天比賽以來，這是我第一次在比賽途中坐下來休息，一定要好好地喘口氣，吃一包燕麥棒。令人驚訝的是，轉頭時剛好看到意大利的精英跑者大衛，臉色非常不好地站在一旁，沒多久就嘔吐如泉涌！可憐的大衛應該沒什麼事，只是需要好好休息。不過大衛站著嘔吐時的氣勢如虹，竟然讓我聯想到新加坡著名的魚尾獅噴泉。

休息五分鐘後繼續出發，這次特地裝了兩公升多的水，因為實在太熱了，每跑一公里就要為身體降溫一次，多帶些水可以豪邁地用不須節省。跑跑走走，一路掙扎到六十六公里的 CP7，距離下午六點還差兩分鐘，只剩十八公里，離十二小時的目標還有兩個半小時。早上賽前簡報時大會宣布，因為前兩天賽道附近有動物的足跡，聽說是獅子，為了跑者的安全，晚上六點以後不能獨跑，必須結伴同行。因此我被要求停下來等下一位跑者到達，再一起前進。

我：「那比賽時間是否暫停計時？」

工作人員：「沒有，要繼續計時。」

我：「喔~沒關係，只是好奇問問，反正來這裡跑步只是好玩而已。」

工作人員：「只是好玩？你是今天的第十二名耶。」

我：「喔，真的嗎？」

反正兩條腿早就僵硬，剛好趁機休息一下。此時太陽逐漸西下，溫度降低許多，加上開始起風，坐下來休息時必須穿上羽絨衣才行。慢慢吃完牛肉乾、喝完水，後方還是沒有半個人影，於是我站起來拍風景，然後邀請工作人員一起自拍。三位工作人員一下子被點醒，這裡風景這麼美，又有美麗的夕陽，為什麼不拍照呢？等我坐下許久後，他們三位仍意猶未盡地在拍照。

過了二十幾分鐘，我等到發睏、正準備拿出睡袋的時候，陶德一拐一拐地走進來。一見面就問我是不是等很久了，我說才剛到沒多久，建議他坐下來休息一會兒。但是他不好意思讓我等，竟然堅持說不用，不到五分鐘，我們倆就一起出發了。

到CP8有十公里，陶德問我想用跑的還是走的，看到他當下的狀況，我當然提議用走的。沿路用有限的英文跟陶德交流，兩個人邊走邊聊，還拍了幾張夕陽。然後天色慢慢變黑，星星出現，我問他認識大熊星座嗎？陶德說不知道，不過他指出了天空中的「7」字形狀的南十字座星給我看，說那就是澳洲國旗上的星星，是南半球著名的夜空景色，其地位相當於在北半球看到的北極星。

閒聊中發現我們兩人有很多共通的話題，陶德兩個月前才到過墾丁參加越野鐵人三項，我也玩過兩次標鐵。他是二〇一三年波馬爆炸案發生時的跑者，我是去年的參賽者。陶德住在澳洲黃金海岸，我參加過兩次黃金海岸馬拉松。在南極比賽的時候，有個澳洲女生賈桂琳跟我一樣落水，而這位女生恰巧就是他任職的航空公司所贊助的選手。

聊著聊著，天空的星星越來越多，銀河也越來越壯觀，但是陶德的狀況似乎越來越糟，經常走著走著就呻吟兩下，我建議他吃止痛藥，但是陶德不想吃，說吃了沒用，我心裡覺得奇怪。雖然已經告訴他好幾次慢慢走沒關係，但陶德大概不好意思拖慢我的時間，還是用十分速在快走，我開玩笑說，到了CP8要幫他做腳底按摩。

好不容易撐到CP8，這是今天最後一個補給點，補給車大聲放著搖滾樂，閃爍著燈光，簡直像個酒吧。好想來杯啤酒啊～加油，陶德！只剩八公里了！

兩人稍做休息後，繼續在繁星下安靜地前進，四周只有腳底的沙沙聲，和偶爾踢到石頭的撞擊音。後來竟然有三個人跑過來，這麼晚了這些人竟然還跑得動，真厲害！原來是五十六歲的前冠軍沙維多，跟兩位拿著手杖的西方人。陶德提議跟他們跑一段，我已經休息很久，當然沒問題。我們以七〇〇～七二〇的速度跑起來，不過陶德的腳傷嚴重，時不時地就要唉兩聲。我安慰他，明天休息一天後他就會活過來，陶德說會去找醫生治療，我說請醫生直接幫他開刀比較快，陶德大笑，說他會變成另一個截肢者。

跑走一段時間後，看到遠方營地的燈光也聽到鼓聲，陶德馬上說要直接衝到終點，我說還很遠哦，不要急！陶德還是忍不住跑起來，那是一段緩上坡，貌似很近的營地果然還很遠，怎麼跑都跑不到，他笑著說是海市蜃樓。分段跑走三次之後終於到達，我跟陶德高舉雙手走進終點，兩人互相擁抱、彼此感謝，終於完成最後艱難的十八公里，不過兩個人都累到不想拍照了。

拖著疲憊的身體回到帳篷，第一件想做的事，就是吃碗熱騰騰的泡麵，今天一整天只吃了幾包能量棒跟幾小塊的牛肉乾。我拿出泡麵後，卻因為這時手指無力，不管如何撕咬都開不了料理包，只好翻箱倒櫃找剪刀。好不容易準備好泡麵，結果連工作人員也累了，竟然倒了冷水給我，我也麻木得沒有發現，幾分鐘後吃到的是脆脆的泡麵跟冷冷的麵湯，竟也覺得是人間美味。

這天回到營地的時間是晚上九點四十四分，用時十三小時十四分。雖然超出預定的完賽目標，卻多了跟陶德的愉快談話和革命情感，我感覺得到的遠比失去的時間多得多。

納米比亞站的營地帳篷。

Day 5
5/2
休息日

今天是休息日，昨晚半夜聽到政全回來的聲音，我就安心地繼續睡了。上午七點多，最後幾個台灣選手也安全回到營地，十四人全部達陣過關，真不簡單。有人賽前受傷又訓練不足，再加上滿腳的水泡，海膽不離不棄一路帶著維琪、坤豪完成這麼艱難的比賽，這一路上的煎熬絕對讓他們永生難忘。

馮哥三人經歷了將近二十四小時才回到營地，回來後卻不急著躺下睡覺，進到帳篷後還能跟大家聊天，我說你們體力怎麼那麼好，整晚沒睡回來還那麼有精神？馮哥笑答：「常打麻將就行了嘛～」引來大家一陣哄笑。

同帳的跑步好手凱瑟琳，則是好整以暇地一邊敷面膜一邊做瑜伽。開心果朵拉說著跟政全兩個人昨晚邊走邊說的笑話，八十四公里的長賽，七號帳全員完賽，帳篷內氣氛輕鬆愉快。

Day 6 5/3

美麗卻令人窒息的沙丘

第五站的名稱是「沙丘日」，我們將會先經過一些小沙丘，然後爬上長長的沙丘帶，在稜線上前進，再回到海岸線，距離四十公里。

早上的氣溫涼爽而不冷，完成了前天的魔王關卡後，經過一天的休息，我滿心期待這天的沙丘美景和在終點線見到太太。她預定在今天抵達營地，體驗一晚沙漠的帳篷生活之後，明天跟我一起完成最後的十公里。

我以六三〇配速起跑，已經比前幾天快，但是很多人更快，連室友凱瑟琳都追上來了，可見大家有多激動。慢慢地開始追上幾個老面孔，萊拉、陽、馬克……然後，然後非常高興看到南非大個子懷納德。

在第三站最後十公里的狂風中，我們兩人一起找路、並肩奮戰，完成艱難的路段。遇到懷納德之後，兩個人前後一起跑了將近二十公里，為他拍下不少照片。其中有一段線條美麗的褐色沙丘，沙丘表面有一層濃淡不一，薄薄的紅土，猶如新娘的面紗，更增添一層美麗。

連續兩站的跑友萊拉。

到了CP2之後，今天的重頭戲上場。我們跑上一個大沙丘，發現這是一條看不到盡頭的沙丘帶，沙丘帶如巨龍般左右蜿蜒、高低起伏，沙體時肥時瘦，氣勢非凡，眾人不禁發出讚歎的叫聲。望向遠方的沙丘，跑者宛如螞蟻般在稜線上慢慢移動。低頭突然發現沙丘上有巨大的動物爪印，很有可能是獅子，難怪前天晚上大會要求選手不能獨跑。

因為風勢與地形的關係，這裡形成奇特的巨大沙丘。除了沙丘本身美麗的線條，有些地方的沙丘兩側褐色與黑色分明，有的會呈現一波波的沙紋。走在稜線上，向右可以看到大西洋，向左看是古老的納米比沙漠，景色壯觀。

但是跑在沙丘上一點都不輕鬆，絕大部分的沙丘都很鬆軟，而且風很大。其中有個沙丘坡度超級陡，只能手腳並用地往上爬，但是腳往上踩五十公分，卻又往下滑四十公分，直到爬得喘不過氣才能上到坡頂。有一部分的稜線非常狹窄，連一個腳掌寬都不夠，看到兩側離地的高度，走在上面驚嚇感十足。

剛跑上大沙丘時覺得風景好壯觀好漂亮，不斷停下來照相，後來實在跑太久了，連續在沙丘帶上上下下，體力跟新鮮感下降後，視覺也麻痺了，心裡開始覺得怎麼沒完沒了啊！整整在沙丘上跑了九公里，終於看到約一百公尺高的下坡，開心地一路飛奔下去，到達CP3。

從沙丘下來後我追上陶德，他看起來好多了，不再跛腳。我們一起轉到河床地形，這裡有很多好玩的石

上｜鬆軟的沙丘地質，跑起來並不輕鬆。
下｜有時甚至要手腳並用，才能翻過一座沙丘。

頭地形，但是風非常大。陶德叫我跟在他後面，說要負責破風，真感人。可惜我想要早點到終點，陶德的配速不符合我的期待，只好跟他說要先走，不好意思！

接著路線轉到一段公路，我繼續加速，營地位在投拉灣，這個海灘在每年十二月和一月的捕魚季節，會開放給漁民使用。遠遠地，我就看到太太站在終點線的拱門下，於是加快腳步衝過去給她一個擁抱，參加四場極地超馬賽事以來，她首度出現在賽場上。

今天以五小時零九分完成，回到營地後，看到義傑已經先到，他今天不用照顧隊友，可以放開來跑。沒多久，范逸臣也回來了，他之前跑鞋每天進沙，跑得有點辛苦，今天直接穿拖鞋跑，反而更快。海邊風很大，我們圍坐在火爐邊聊天，等待其他夥伴們回來。

晚上在準備入睡時，當地工作人員在他們休息的地方，以方言唱歌，歌聲渾厚悠揚，穿透力十足，用陣陣的歌聲向明天即將離去的我們告別，雖只聽得懂「納米比亞」這幾個字，但一股離別的淡淡哀傷，不禁浮上心頭。

Day 7
5/4

牽手完成四大極地賽

只剩最後十公里，太太跟我準備用輕鬆的跑走方式完成。出發前大家都在拍紀念照，兩百五十公里的長征即將結束，我們在彼此生命裡都留下一段難忘的回憶。拱門已經拆除轉移到終點線等待大家衝過，兩位志工拿著旗子作為今天的出發線。

從到達營地的第一天開始，幾位辛巴族人用舞蹈歡迎我們，之後跟著大家移動。每天出發時，用舞蹈為我們加持祈福，回到營地後，又以舞蹈歡迎我們勝利歸來，一直到最後一天，感謝這些辛巴族的朋友們。

這一站我特別想要介紹六十五歲的日本選手貝畑和子，她曾經獲得女子組冠軍，也是這次比賽最受歡迎的人物。她的身材嬌小，永遠笑容滿面、和藹可親，就像親切的鄰家阿嬤。但是她跟義傑一樣，是真正的神級人物，曾有過的事蹟包括：四十八歲時從舊金山跑到紐約，只用六十三天完成五千公里的賽事；五十歲時穿越西伯利亞，最低溫只有零下三十五度，一萬公里的距離加上天氣惡劣，只用了兩百一十天完成；從北極跑到赤道……等等。這次她全程用輕快的小碎步和不間斷的笑容，完成兩百五十公里的比賽。今天很熱情地找我們一起拍照留念，我會很想念她的。

可愛的超馬阿嬤—貝畑和子。

我跟太太在隊伍後面慢慢出發，這是她第一次來到四大極地賽的現場，希望她好好享受這段路程。從海灘區出發後地形轉換到沙丘帶，這段沙丘帶一點都不高，但又有沙丘之美，剛好可以輕鬆體驗跑在沙漠的感覺。沙丘地形結束後進入鹽鹼地，一大片幾平方公里的地上，佈滿像是水庫乾枯後的泥土裂痕，一片片乾裂的泥土，其實都是鹽，真是奇景。一個半小時後到達終點，我們手牽手跑過終點線，為我的四大極地超馬劃下完美的句點。

這場比賽總共有一百零八人起跑，中途九人退賽，來自台灣的十四位跑者全部完賽，我的總成績是三十五小時十一分，排名第十六名。因為這次大會邀請了歷屆冠軍前來參賽，前十名選手中，有三男兩女是歷屆冠軍，男子組第一名的瑞士選手佛羅里恩則是第一次參賽。

賽後回到旅館，參加當晚舉辦的頒獎晚會和慶功宴。頒獎的時候，台上意外喊出我的名字，我以為自己聽錯了，直到紫娜對著我再喊了一次後，我才回神上台領獎。獎項介紹的內容大概是說我在比賽時認真努力，加上每天掛著笑容，於是大會就頒給我一個精神獎「Spirit Award」。原來好好享受比賽也能得獎，這不就是跑步的目的嗎？我開心地收下這座獎牌。

後來又再度喊到我的名字，這次倒是自己期待了一年的東西——四大極地超馬完賽獎牌。除我之外，今天同時拿到 4 Deserts 獎牌的，還有同樣來自台灣的吉姆、我的偶像馮哥伉儷，還有老戰友克里斯多夫。

與太太牽手衝過納米比亞站的終點，也為我的四大極地超馬之旅劃下句點。

克里斯多夫跟我都是從二〇一八年的蒙古站開始，連續參加四場比賽。

想到那時要報名參加四大極地超馬前，不僅自己有點心虛，有些朋友也很為我緊張。如今花了九個月又七天的時間完成這四場賽事，歷經辛苦領到獎牌當下，心裡有點不敢相信我真的做到了！

九、了解就不害怕，大膽跑起來

很多朋友看到我參加四大極地超馬且完成比賽之後，也湧起了想要參加的念頭卻又不敢報名，因為大部分的人一聽到「極地超馬」的名字，就認為這是非常困難的賽事，只有厲害的跑者才有資格能參加，也認定自己不可能完賽。

但在我看來，那只是因為媒體報導的影響，讓一般人對於極地超馬所產生的刻板印象。「想在比賽獲勝，真的很不容易，整個賽段兩百五十公里的過程中都要拼命，承受的壓力跟體力消耗都不是一般人可以嘗試的！」

不過這其中只有部份正確資訊。對於一般跑者，甚至是徒步健行的愛好者來說，極地超馬並非那麼遙不可及，只要做好充足的準備，人人都有機會完賽，如同這兩年在台灣流行攀爬百岳一樣，只要準備好裝備、訓練好體能之後，每個人都有機會登上那些三千多公尺的美麗高山。

我想以四大極地超馬為例說明比賽情況，幫助讀者更了解類似的賽事。

賽事簡介

1. 所謂的「四大極地超馬」，英文全名是「The 4 Deserts Ultramarathon Series」（四沙漠超級馬拉松巡迴賽），屬於多日多站的超馬比賽。
2. 比賽時選手必須背負自己的裝備和食物前進，出發前不含水的裝備重量，平均是十點五公斤，比賽時需再攜帶一點五公升的水，背包的重量會因每天的消耗，逐日減輕。
3. 沙漠賽總距離兩百五十公里（南極站除外），比賽時間七天，其中四天每天前進約四十公里，「長賽日」當天前進七十~八十公里，一天休息，最後一天前進十公里。
4. 大約每十公里設置有檢查站（Check Point），提供飲用水以及簡易醫療，並記錄選手到達時間，確認每位選手是否安全抵達，並判斷能否繼續比賽。
5. 賽道有路線標示旗，選手不須透過 GPS 導航尋找路徑前進。
6. 賽事期間，每日關門時間會根據天氣、賽道狀況和距離而定，甚至參考當天選手的狀態進行調整，大約是以每小時四公里的速度來決定當天的關門時間，比如某日的比賽距離是四十公里，當天的關門時間大約就是十個小時。每個檢查站也有關門時間，選手超過時間到達檢查站或者

7. 進入檢查站時身體狀況不佳，就會被要求停止比賽。

根據統計，大約二十%的選手會全程用跑步方式進行比賽，六十%的選手則是跑步與走路交互進行比賽，二十%的選手全程步行比賽。

8. 每場比賽大約會有三~五的人沒有完賽。

9. 營地提供選手各種基本生活所需，如飲用水（包括可以沖泡食物和飲料的熱水）、廁所、帳篷（約八人共用一頂，不分性別）、醫療站（醫療人員可做簡易醫療處理）。

10. 比賽期間沒有電力和網路，不能洗澡、洗頭、洗衣服。

極地超馬裝備的 Check List

裝備分為「強制裝備」與「選用裝備」，在選手報到時要檢錄所有強制裝備，裝備不合格且當場無法改正者，將無法參賽。

強制裝備 List ㊤

- ☐ 25～30 升的背包
- ☐ 35 公升容量防水袋
- ☐ 0°C等級睡袋
- ☐ 兩個燈，一個頭燈，另一個可以是手電筒或頭燈
- ☐ 閃光燈（夜間行進時掛在背包後方）
- ☐ 多功能小刀組（含剪刀、小刀等）
- ☐ 哨子
- ☐ 反光鏡
- ☐ 鋁箔緊急防寒睡袋
- ☐ 指北針
- ☐ 餐具（勺、叉）
- ☐ 防曬霜
- ☐ 護唇膏
- ☐ 止痛藥
- ☐ 水泡處理工具包（含酒精片、針、透氣貼紙、人工皮、繃帶）
- ☐ 彈性護理膠布
- ☐ 別針

強制裝備 List ㊦

- ☐ 消毒酒精
- ☐ 衛生紙
- ☐ 跑鞋
- ☐ 襪子
- ☐ 越野跑褲
- ☐ 排汗跑衣
- ☐ 長袖保暖上衣（羽絨衣或其它）
- ☐ 防水外套
- ☐ 簡易雨衣
- ☐ 含頸部防曬的帽子
- ☐ 毛帽
- ☐ 手套
- ☐ 太陽眼鏡
- ☐ 國旗徽章
- ☐ 四大極地賽徽章
- ☐ 總容量 2.5 升的水壺或水袋
- ☐ 電解質跟鹽錠
- ☐ 7 天份的食物，
  正餐及零食總熱量不少於 14,000 大卡
  （我準備了泡麵、各種口味乾燥飯、巧克力堅果棒、燕麥棒、牛肉乾、蛋白粉，如果不想到時候才發現口味不合的話，一定要先試吃過所有的食物！）

大會建議的選用裝備（依個人需求選用，無須檢錄）

- □ 睡墊
- □ 睡袋內襯
- □ 鞋套（防砂進入鞋內）
- □ 運動內衣（女性）
- □ 多功能頭巾
- □ 壓縮襪
- □ 拖鞋
- □ 登山杖
- □ 腰包或胸包
- □ 防塵 / 防水夾鏈袋
- □ 鋼杯
- □ 毛巾
- □ 牙膏牙刷
- □ 蚊蟲藥
- □ 手錶
- □ GPS
- □ 照相機
- □ iPod 跟耳機
- □ 行動電源 / 電源線

作者建議的裝備

- □ 手機
- □ 牙線
- □ 濕紙巾
- □ 紙內褲
- □ 充氣枕頭
- □ 耳塞！耳塞！耳塞！（睡覺時連隔壁帳篷的打呼聲都聽得到）
- □ 眼罩（避免睡一半被室友的燈照醒）
- □ 限量的零食
- □ 薄荷糖（口乾的時候來一片還不錯）
- □ 咖啡、茶等
- □ 凡士林
- □ 棉花棒
- □ 有需要的人可考慮帶面膜

賽前訓練與準備

沒有一種訓練方式是適合每一個人的，訓練菜單端看個人的完賽目標和體能不同而定。

基本訓練是背上背包進行爬山、健走或跑步等運動，訓練時循序漸進，視個人狀況逐步增加背負重量和距離，多在山徑間練習，以訓練不同部位的肌肉，並做交叉訓練，加入騎腳踏車、重量訓練、核心訓練等運動，可以強化身體、避免受傷。

越早開始使用比賽時的所有裝備越好，可以提早適應比賽狀況。最重要的是選擇一雙適合的越野跑鞋，穿上柔軟的厚襪後，鞋子至少要比合腳的狀態大半號以上，讓腳指頭可以舒服地在鞋內活動，避免長時間運動後腫脹的腳掌在鞋子裡磨擦、起水泡。再來就是背包與身體的磨合，讓身體找到背背包最舒服的位置，可以減少或避免比賽期間肩膀、背部擦傷或是疼痛的狀況。

好的賽前準備讓人上天堂，但如果準備不周全貿然上場的話，比賽就會變成一場折磨人的意志力考驗！因為是長距離的多日賽，一旦發生水泡或擦傷等問題，會讓整個賽程變得非常煎熬，如果嚴重到每走一步都會疼痛的話，甚至會導致退賽的後果，必須非常小心處理。

在四大極地超馬比賽中，平均一天的移動距離是四十公里，長賽日更是長達七十~八十公里。因此自我訓練的最終目標，至少要能夠背負所有裝備完成單日四十公里，以及連續兩日合計八十公里以上的健走或跑步距離，這樣在比賽的時候才有興致欣賞風景，享受比賽的樂趣。這些比賽的路線都是經過挑選的，可以看見不同的美景，無論是沙漠、極地，甚至是山區，風景都美到令人窒息，讓人忍不住讚歎大自然的神奇。但是如果賽前準備不足，比賽很可能變成一場魔鬼訓練，美景變成地獄，讓人只恨怎麼都走不完，甚至痛苦到懷疑人生，質疑為什麼要來到這裡虐待自己？

其它賽事

就像馬拉松運動在全世界流行起來，各項比賽在各國遍地開花一樣，超馬比賽也有著類似的情況。參加越野超馬賽最大的樂趣在於享受在大自然中跑步的經驗，由於這些比賽都在各地風景絕美的地方舉辦，若非透過這些賽事，一般人很少有機會在這些地方徒步、奔跑、露營，專注地在這些極具特色的自然環境中生活一段時間。而且，在享受自然環境的同時，能夠和各國不同背景的人士共同生活、互相交流，共同完成一項目標，也是難得的生活體驗。

除了前面文章提到的四場極地超馬比賽，這邊也列舉一些知名的多日超馬比賽，提供給讀者們參考。

賽事名稱	地點	距離	時間
Marathon des Sables	摩洛哥，撒哈拉沙漠	250 公里	7 天
Grand to Grand Ultra	美國，大峽谷	275 公里	7 天
Fire & Ice Ultra	冰島，北極圈	250 公里	6 天
Manaslu Mountain Trail	尼泊爾，馬納斯盧峰	172 公里	9 天
The Jungle Ultra	秘魯，亞馬遜河	230 公里	5 天
RunIceland Adventure Trail	冰島	110 公里	5 天

經驗分享

大部分沒有在沙漠中比賽經驗的人，一聽到沙漠的第一個直覺就是好熱，跑步一定很困難！實際上，因為比賽季節跟地理位置的關係，沙漠並非全都是像想像中的高溫，四月份的納米比亞，早晚氣溫只有十度左右，白天氣溫大部份在二十多度左右，只有長賽日的最高溫在三十五度以上；七月的蒙古站比賽中，由於沙漠地形只佔一小部份，溫度跟大草原一樣只有攝氏十~二十度；九月底舉辦的智利阿塔卡馬沙漠站的溫度較高、溫差大，早晚溫度可低到零度，白天氣溫高達到三十五度以上，但是因為沙漠乾燥散熱快，所以在同樣的溫度下，體感會比台灣舒服許多。

這裡再分享幾點個人比賽的經驗，對於之後想要參加的人或許會有幫助。

購買裝備時首先考慮輕量化，只帶必要的東西，「萬一」會用到的東西千萬不要帶，因為「萬一」的狀況通常不會出現，裝備輕一點、負擔少一點，完賽機率就會高一點。

怕曬如我的人一定要穿長袖長褲，除了避免曬傷，萬一跌倒的時候也可以發揮到保護作用。因為氣候又熱又乾，從阿塔卡馬沙漠站的第一天開始，我就一直戴著頭巾，除了可以給脖子保溫，溫度升高後也可以拉起來蓋住嘴唇，根據情況有時會連鼻子都蓋住，這麼做主要是為了保濕。因為沙漠地區非常乾燥，特別是在有風的時候，更會加速身體水分的流失，縱使塗了護唇膏，嘴唇還是很容易乾裂，有好幾個選手就發生了嘴唇破裂流血的現象。用頭巾將嘴唇包住，呼吸時從嘴巴吐氣，吐出的空氣有助於保持嘴唇的濕潤。另外，溫度低或風大的時候包住鼻子，也可以調節空氣流經鼻子的溫度和濕度，呼吸會舒服很多。

凡士林在比賽中也是很實用的物品，如果鼻腔感覺很乾燥，可以用棉花棒在鼻腔黏膜薄塗一層凡士林保濕，防止流鼻血；穿襪前先在腳趾和腳掌上塗些凡士林可以減少起水泡；擦在腋下或鼠蹊部位，也可以有效緩解摩擦疼痛。

在前文中，提到了自己曾經因為散熱的問題而難以運動，開始跑馬拉松以後，我也特別注意散熱的問題。在高溫難耐時，把水塗抹到帽子跟袖子上，可以幫助身體降溫。直接用水壺往衣服上倒水的話，大部分的水會直接流失，太過浪費了。如果分次將水倒在手上再進行塗抹，讓衣服慢慢吸收水份，就能夠減少水的損耗。濕潤的衣服跟帽子對於身體的降溫非常有幫助，能夠大大降低中暑的機會。但是在用水降溫前，一定要計算好到下個 CP 點的距離跟時間，控制好飲用跟降溫用的水量。

將電解質飲料裝在一個水壺，另一個水壺只裝水，定時交替補充水份、電解質和鹽錠，可以有效避免中暑和抽筋。

腳掌起水泡的時候，用消毒過的針將水泡刺破，擠出水，再剪一段彈性膠帶直接貼上即可。貼的時候先固定一端，然後適度拉長膠帶，再貼下另一端並將整片膠帶貼好，此時膠帶會因為彈性的關係產生下壓的力量，這樣可以防止再產生新水泡，效果比人工皮或一般的膠帶好很多。

十、從不可能到不可思議的馬拉松奇幻漂流

我曾經是因家庭環境與自身條件不夠優越從小就極度自卑的灰暗少年，並且延續這樣的心態，一直到成為年近半百的灰暗中年大叔，卻意外地在將滿五十歲那年完成人生的第一場全馬後完全改變人生。儘管外文能力普通，之前也很少出國，卻因為馬拉松就此展開全球跑旅，透過參加比賽旅行世界各國。

雖然跑得並不特別快，但是跑過很特別的地方。從二〇一五年二月第一場全馬開始，到二〇一九年五月為止，短短四年多時間跑遍世界七大洲，十九個國家、三十二個城市，其中包括「世界六大馬」和「四大極地超馬」的賽事。從不可能跑完一場全馬，偶然展開世界跑旅的生活，到完成不可思議的四大極地超馬，一場場比賽的畫面交織成我生命中的馬拉松上河圖，也帶來前所未有的視野與生活體驗，宛如一段連自己都難以置信的馬拉松奇幻漂流，也因此完全扭轉了那位曾經的灰暗少年與中年的人生，現在我已經轉變成一位熱血的黃金中年，充滿自信，對未來寄予厚望。

這段奇幻漂流實在是超乎想像，如果幾年前有人跟我說自己會完成這些旅程，我一定說他瘋了！如果這是我自己說的，其他人一定會認為我吃錯藥了。透過馬拉松比賽，特別是四大極地超馬，與來自各國、形形色色的選手一起完成艱難的比賽，讓我覺得人生再也沒有不可能的事。

二〇一九年五月完成四大極地超馬後，我回頭繼續跑馬拉松賽事。二〇二〇年二月在加州參加衝浪城馬拉松取得波士頓馬拉松報名資格，回到台灣後卻因第一次坐骨神經痛，引發腰部與腿腳不適，休養、復健了三個月，才逐漸恢復跑步。

儘管當時全球仍然壟罩在新冠肺炎的陰影下，我仍於二〇二一年十月到美國完成第二次波馬比賽，之後繼續前往歐洲參加同年十一月的希臘雅典馬拉松和意大利佛羅倫斯馬拉松，並且在佛羅倫斯創下個人最快完賽成績——三小時二十六分二十二秒。

二〇二二年一月回到台灣後，我的坐骨神經痛再次發作，休養復健兩個月後，才緩慢地逐漸恢復跑步，到年底順利以三小時三十九分零五秒成績完成二〇二二年台北馬拉松，這也是我個人這一年唯一的一場全馬賽事，正式宣告這次坐骨神經痛再次復健成功，回歸馬場。

五十五歲後雖又經歷兩次坐骨神經痛，反而讓我更了解自己的身體，並持續以跑步與登山為樂，知道如何與傷病和平共處。身體除了運動也要保養，運動後多做肌肉伸展和筋膜按摩，可以延長維持跑步等各項運動的年限，盡情享受運動的樂趣，期待將來還能夠繼續迎接各種未知的挑戰、不同的驚喜。

也許我們無法改變生命的長度，但是我們可以改變生命的寬度跟深度。年齡不是問題，生理障礙也可以克服，千萬不要畫地自限，人遠比想像中的自己強大。

走出舒適圈挑戰困難的事，將會帶給自己巨大的成就感，進而做出更大的挑戰。有的事不做不會怎麼樣，做了人生會變得很不一樣，何不大膽嘗試一下，參考我的經驗大膽跑起來，給自己也來段奇幻漂流，把人生的畫布塗上色彩，畫出美麗感動的風景。

十、從不可能到不可思議的馬拉松奇幻漂流

身體文化 178

勇闖極地超馬：大叔跑者翻轉人生的馬拉松跑旅

作　　者　周林信（撰寫）．邱芊樺（協作）
主　　編　湯宗勳
特約編輯　邱芊樺
美術設計　劉耘桑
企　　劃　鄭家謙
照片提供　周林信　．RacingThePlanet

董 事 長　趙政岷
出 版 者　時報文化出版企業股份有限公司
108019 台北市和平西路三段 240 號一至七樓
發行專線—（〇二）二三〇六六八四二
讀者服務專線— 〇八〇〇二三一七〇五
（〇二）二三〇四七一〇三
讀者服務傳真—（〇二）二三〇四六八五八
郵撥— 1934-4724 時報文化出版公司
信箱— 10899 台北華江橋郵局第 99 信箱
時報悅讀網　http://www.readingtimes.com.tw
電子郵箱　new@readingtimes.com.tw
法律顧問　理律法律事務所 陳長文律師、李念祖律師
印　　刷　勁達印刷有限公司
一版一刷　二〇二三年二月二十四日
定　　價　新台幣 400 元

ISBN：978-626-353-475-9
Printed in Taiwan

勇闖極地超馬：大叔跑者翻轉人生的馬拉松跑旅 / 周林信 撰寫．邱芊樺 協作—
一版.-- 臺北市：時報文化，2023.2；288 面；14.8*21*1.7 公分.--（身體文化；178）
ISBN（平裝）978-626-353-475-9

1. 馬拉松賽跑 2. 自我實現
528.9468　　112000743